# AIMER (QUAND MÊME) LE XXIe SIÈCLE

Jean-Louis Servan-Schreiber est journaliste, essayiste et patron de presse. Il a fondé le groupe *Expansion*, participé à l'immense succès de *Psychologies magazine* et relancé la revue *Clés*. Il est l'auteur chez Albin Michel de plusieurs best-sellers dont *Le Nouvel Art du temps*, *Vivre content* et *Trop vite !*

*Paru dans Le Livre de Poche :*

Trop vite !

Vivre content

JEAN-LOUIS SERVAN-SCHREIBER

# *Aimer (quand même) le XXI$^{e}$ siècle*

Préface d'Edgar Morin

ALBIN MICHEL

Merci à Monique Nemer, dont les conseils professionnels et amicaux ont éclairé ma route au long de l'écriture de ce livre.

Dessins de Xavier Gorce


ISBN : 978-2-253-00071-6 – 1re publication LGF

*À ma descendance, ce point d'étape*
*sur son premier siècle.*

# PRÉFACE

« Il faut aimer quand même le XXIe siècle », nous dit Jean-Louis Servan-Schreiber. Comment aimer un siècle qui commence à peine et qui nous a lancé les pires alarmes ? Le XXe siècle avait démarré, du moins en Europe, de façon aimable, et il a succombé sous les drames. Le XXIe siècle commence en catastrophe. Nous conduit-il vers l'abîme ou vers la métamorphose salvatrice ? Le pire est probable, mais il n'est pas sûr. Très souvent, l'improbable est survenu dans l'histoire humaine.

Peut-on espérer ? On ne peut espérer, à mon sens, qu'en l'improbable. Pire, on ne peut espérer que dans la mesure où s'accroîtront les causes de désespérance. Cela en vertu du « principe de Patmos », poème d'Hölderlin où se trouve le vers « là où croît le péril, croît aussi ce qui sauve ».

L'espoir ne comporte nulle certitude. Mais il comporte la connaissance des aptitudes créatrices de l'humain. Il se nourrit des aspirations irrépressibles qui traversent l'histoire humaine et demandent à lier communauté, fraternité et liberté.

Bien sûr, on manque de bonne nouvelle pour notre futur qui demeure incertain. Mais nous pouvons agir. À nous de regarder en face les périls. Aujourd'hui, dans tous les domaines, ignorance, aveuglement et erreurs progressent en même temps que les connaissances. Nous vivons sous l'empire des principes de disjonction, de réduction et d'abstraction. Or une pensée mutilante conduit nécessairement à des actions qui ne le sont pas moins : la pathologie contemporaine de la pensée est dans l'hypersimplification, la rationalisation qui enferme le réel dans un système d'idées cohérent mais partiel. Nous devons apprendre à appréhender la complexité du réel. Prendre conscience du fait que la cause profonde de l'erreur est d'abord dans l'organisation de notre savoir en systèmes d'idées, de théories, d'idéologies, qu'une nouvelle ignorance est liée au développement de la science elle-même, à l'usage dégradé de la raison, au progrès aveugle et incontrôlé de la connaissance. Nous sommes toujours dans la préhistoire de l'esprit humain.

Depuis l'école primaire, toutes les structures de l'enseignement forment des esprits pour les ventiler dans des catégories et les empêcher de penser la complexité. Tant que nous ne relions pas les connaissances selon les principes de la pensée complexe, nous restons incapables de reconnaître le tissu commun des choses : nous ne voyons que les fils séparés d'une tapisserie. Si vous ne connaissez que les fils individuellement, et même si vous les identifiez chacun de manière parfaite, vous ne connaîtrez jamais le visage de la tapisserie. Et cela aussi bien dans les domaines technologiques que scientifiques et politiques.

Nous devons nous opposer à l'intelligence aveugle qui a pris presque partout les commandes. Nous devons réapprendre à penser, tâche de salut public qui commence par soi-même. Évidemment, il faudra bien du temps, des combats, des débats, des efforts pour que prenne figure la révolution de pensée qui s'amorce ici et là, dans le désordre.

Tout est à réformer et à transformer. Apportons la reliance, la conscience. Travaillons chacun dans notre voie. Ce qu'on peut espérer, c'est non plus le meilleur des mondes mais un monde meilleur. Il y a chez Héraclite une formule magnifique, que je cite souvent : « Sans l'espérance, on ne trouvera pas l'inespéré. » Marc Twain dit en écho : « Ils ne savaient pas que c'était impossible, aussi ils l'ont fait. » Peut-être que tout a commencé.

On sait le pronostic probable de la course folle dans laquelle notre planète est entraînée, vers des catastrophes entremêlées, vers la dégradation de la biosphère, vers la multiplication accrue des armes de destruction, dans le délire prédateur du capitalisme financier, le réveil menaçant de tous les fanatismes.

Par son esprit ouvert et éclairé, Jean-Louis Servan-Schreiber nous fait participer à ses interrogations et réflexions sur notre temps. Il souligne les ambivalences qu'apporte chaque innovation, chaque transformation dans notre devenir. Et pourtant, il conclut sur une stupéfiante déclaration d'optimisme. Je voudrais lui ajouter le sens de la formidable tragédie qui accompagne l'agonie d'un monde et la naissance improbable d'un nouveau. Certes, je contresigne ce que j'ai souvent écrit : le renoncement au meilleur des mondes n'est pas le renoncement à un monde meilleur. Et je me maintiens, avec les énergies dont je dispose encore, dans cette improbable espérance.

Edgar MORIN

Tout va de mal en pis dans ce siècle !
Moi aussi, je suis un grand nostalgique :
La Grande Guerre, la crise de 29, Auschwitz, Hiroshima, Tchernobyl, c'était tellement cool !

# INTRODUCTION

## Était-ce mieux avant ?

Je ne suis pas d'un tempérament pessimiste. Comme ce doit être de naissance, pas de mérite à cela. Encore faut-il que les événements vécus ne contredisent pas trop cette disposition positive. Or ma vie s'est surtout déroulée dans la seconde partie du XX^e^ siècle. Mouvementée, mais tellement moins que la première.

Mon père avait survécu à deux guerres mondiales, à la grande crise de 1929, à la Shoah (il était juif) et à l'utilisation de l'arme atomique contre des humains (il n'était pas japonais). Tandis que mes contemporains européens et moi avons connu les Trente Glorieuses, la construction de l'Europe, la fin du communisme, la libération des mœurs, l'ouverture au monde, la réduction du temps de travail, la protection sociale et l'allongement de la vie d'une quinzaine d'années.

Rien de tout cela n'allait de soi. Il a fallu à nous tous du travail, de l'invention, de la persévérance, des convictions et pas mal de chance. Vivre pessimiste pendant cette cinquantaine d'années aurait été un handicap, un gaspillage d'énergie.

Mais nous avons changé de siècle et moi, j'ai pris de l'âge. Les vieux sont tentés de dire : « C'était mieux avant. Je ne comprends plus cette époque. Si ça continue comme ça, on va à la catastrophe. » Donc je me surveille, ce XXI^e siècle n'est pas le mien, j'ai l'impression d'y être admis en observateur. En 2000, ma vie était déjà construite ; grâce à la longévité, je joue les prolongations.

Ça me laisse l'esprit libre pour faire mon métier de journaliste, rapporter ce qui se passe, en tirer quelques réflexions. D'autant que ce qui se déroule sous mes yeux me passionne, tant c'est imprévu et prometteur. Je ne crois pas aux mythes de l'âge d'or, récurrents à toutes les époques. Il n'y en a jamais eu et, vu la nature humaine, il n'y en aura jamais. Ce qui ne m'empêche pas de croire au progrès.

Sur ce point déjà, je diffère de ceux, plus jeunes, qui ont encore l'essentiel de ce siècle devant eux. On dirait qu'ils n'osent plus évoquer le futur tant on les accable de menaces de régressions. Pour la première fois depuis la fin des guerres en Europe, avenir et progrès ne se tiennent plus par la main. La science et la technologie continuent à avancer et à nous étonner, mais ça ne rassure plus, car la peur s'est installée sur nos continents si longtemps privilégiés. Que s'est-il donc passé à l'orée de ce deuxième millénaire ?

Je ne crois évidemment pas qu'il suffise de changer de millésime pour que le monde soit différent. Il aura fallu attendre la fin de la première décennie du XXIe siècle pour déceler quelques tendances durables, tant les débuts peuvent être trompeurs.

Le XVIIIe n'avait-il pas commencé à l'apogée de l'absolutisme royal ? Il aura été celui de l'émancipation des esprits par les Lumières, et a fini en coupant la tête du souverain de service.

Au début du XIXe, la France de Napoléon, dont les armées se déplaçaient encore à pied, pensait tenir l'Europe à sa merci. L'Empereur a été vaincu et c'est l'indépendance des nations et la révolution industrielle qui ont caractérisé ces cent années-là.

Le XXe s'ouvrait sur la Belle Époque. Elle fut vite suivie par des hécatombes révolutionnaires et guerrières. Si bien que, pour les historiens, le XXe a commencé, en fait, en juin 1914, avec l'assassinat de l'archiduc François-Ferdinand à Sarajevo.

Difficile, et probablement vain, de faire une prédiction plausible sur ce qui va déterminer la suite de notre XXI^e siècle. N'a-t-on pas déjà affirmé qu'il aurait débuté avec l'attentat du 11 septembre 2001, et que la lutte contre le terrorisme allait se substituer aux guerres frontales ou froides du siècle précédent ? Or la menace d'Al-Qaida dépasse rarement des limites régionales, et concerne davantage les pays musulmans que le reste du monde.

Car aujourd'hui, ce n'est pas le terrorisme qui plombe l'atmosphère des nations qui avaient joué jusqu'ici les premiers rôles, l'Occident développé dont nous faisons partie. Des bouleversements plus profonds sont à l'œuvre. Ils transforment tout autant les rapports de force géopolitiques mondiaux que le déroulement de la vie personnelle de chacun de nous.

Le travail se raréfie. Technologie, finance, écologie, mondialisation, métissages culturels, transformations biologiques tracent les lignes de force de notre futur commun. Faut-il les considérer avec espoir ou crainte ? On peut soutenir l'une ou l'autre thèse, c'est affaire de tempérament. Pour ma part, je reste donc optimiste, mais il me faut parfois la foi du charbonnier.

L'avenir se joue de nos prévisions. Mais pour au moins s'y préparer, pour y jouer son rôle, chacun a intérêt à capter ce qui est en germe aujourd'hui. J'ai essayé de le faire en préparant ce livre, pour aider mes lecteurs à se faire leur propre opinion. Ne serait-ce qu'en contestant mes hypothèses.

On aime bien, en France, évoquer les grands mouvements de l'Histoire ou de la société. Mais nos choix de vie personnels dépendent de ce que nous croyons savoir du monde, de ce qui parvient à tenir dans notre cerveau à son propos.

Pour chacun n'est réel que ce qu'il capte du flot de faits et d'idées déversé sur lui depuis sa naissance. Par ses parents, ses profs, ses amis, les médias, ses lectures, et ce qu'il a vécu ou connu. C'est ce résidu, retenu par notre mémoire et notre sensibilité, qui constitue notre univers, y compris ce que nous pensons savoir dudit univers.

On ne peut pas fonctionner sans une petite modélisation du monde dans la tête ; bricolée, lacunaire certes, mais c'est la nôtre. Nous avons intérêt à bien la connaître, à la tester constamment, à savoir la compléter, la mettre en doute, vérifier si elle nous aide à vivre, ou si elle nous envoie dans le mur.

Les philosophes allemands ont forgé pour cela un mot fort prisé chez les intellectuels : *Weltanschauung* (prononcez « veltanchaoung »), et dont nul être vivant ne peut se passer, pas même un animal. Jung, le disciple dissident de Freud, le définit ainsi : « Avoir une conception du monde (*Weltanschauung*), c'est se former une image du monde et de soi-même, savoir ce qu'est le monde, savoir ce que l'on est. [...] Toute conception du monde a une singulière tendance à se considérer comme la vérité dernière sur l'univers, alors qu'elle n'est qu'un nom que nous donnons aux choses. »

Ce n'est pas par pédanterie que je mentionne ce mot qui remplit la bouche, mais pour rappeler qu'il s'agit d'un concept entre philosophie et psychologie, dont, consciemment ou non, nous faisons un usage multiquotidien. Tous nos choix s'appuient sur ce que nous croyons savoir, sur notre petite banque de données intime. Laquelle n'est pas encore très fournie sur ce nouveau siècle. Mais Internet offre désormais le moyen idéal pour que chacun documente à sa guise son modèle personnel du monde et s'efforce de lui conserver un sens.

C'est à nous, individuellement et collectivement, d'essayer de nous faire une idée sur ce que nous réserve ce siècle, déjà si différent des autres.

Au XVe siècle, on a cru que la terre était ronde.
Erreur !
Le monde est ultra-plat

# 1

# Une nouvelle Renaissance

Commençons par le plan large : peut-être sommes-nous en train de vivre une nouvelle Renaissance, à l'instar de cette période qui, du XV$^{e}$ au XVII$^{e}$ siècle, a fait sortir notre monde occidental de la seule vision chrétienne pour l'ouvrir à la pluralité des interprétations et au libre arbitre. La Renaissance a amorcé les grandes transformations des arts, de la philosophie, des sciences, des valeurs, bref d'à peu près tout ce qui constitue le socle de notre monde contemporain. Formidable remue-ménage, souvent chaotique, meurtrier (les cruelles guerres de Religion), mais donnant le signal d'entrée dans la modernité. Sur trois points au moins, établir un parallèle avec aujourd'hui est instructif :

– Changement de vision du monde : à la Renaissance, Copernic annonce que la Terre n'est pas le centre de l'univers et Colomb découvre le Nouveau Monde. Au XXIe siècle, la mondialisation rend obsolètes nos conceptions des relations entre nations et le centre de gravité planétaire glisse irrésistiblement vers l'est, vers l'Asie.

– Changement de mode de communication : au XVe siècle, Gutenberg apporte l'imprimerie qui met les mots à la disposition de tous les lettrés (une minorité, mais déterminante). Au XXIe, Internet, le numérique, permet désormais à tous les Terriens de communiquer entre eux et d'avoir accès à la quasi-totalité de la connaissance disponible.

– Généralisation du doute : Luther a osé le doute sur l'infaillibilité de l'Église catholique et, à travers elle, sur tous les dogmes. Comme le faisait Copernic pour la science. Cette contestation, mère de toutes les autres, jusqu'à nos jours, ébranle alors les piliers du temple des certitudes qui enfermaient la société de l'époque.

Aujourd'hui, les crises de confiance dans les systèmes politiques, dans les valeurs, y compris démocratiques et individualistes, nous plongent dans l'incertitude. La plus conséquente de ces crises concerne l'idée de progrès sur laquelle reposait, depuis deux siècles, le consensus de nos sociétés laïcisées. Cette notion, née plus tard avec la Révolution, selon laquelle l'humain pouvait forger son avenir plutôt que de s'en remettre à Dieu a donné un sens aux efforts et aux souffrances subies en chemin.

La Renaissance, pour avoir enfanté notre modernité, n'a pas pour autant été, loin de là, un âge d'or, mais elle a tout fait bouger vers le mieux, malgré les anathèmes et les massacres qui ont pu en résulter. J'aime à croire que notre siècle peut avoir cette fécondité historique, même si, pour l'instant, il suscite souvent l'inquiétude.

Comme, malgré des analogies, l'Histoire ne se répète pas, une caractéristique forte de notre époque me semble être le flottement de chaque individu au milieu de ce chamboulement. À la Renaissance, les coutures avaient commencé à craquer, mais chacun vivait encore inséré dans des schémas de croyances et de pouvoirs définis et rigides : la royauté et la chrétienté, l'une s'appuyant sur l'autre. Cinq siècles plus tard, ces contraintes ont disparu ou se sont diluées, laissant chacun en responsabilité de lui-même. Pas seulement pour conduire sa vie, mais pour choisir ses valeurs et se faire une idée de sa place dans un monde où il s'est retrouvé propulsé à l'improviste.

Depuis le début du XXIe siècle, la formidable accélération technologique rend plus urgent et plus compliqué de trouver sa place.

Le travail de sape des dogmes et traditions était devenu explicite avec les Lumières voltairiennes. Pour le parachever, dans les cinquante dernières années, il aura fallu une longue période de paix (les conflits poussent à des solidarités et à des cohésions, au moins provisoires), des crises économiques (devant les duretés, on mesure encore plus son isolement) et un affaiblissement de la confiance dans les structures de pouvoir modernes, États et entreprises (puisque, dans nos pays, le rôle des Églises est devenu symbolique). Seule la famille maintient sa cote, mais elle ne ressemble plus guère à ce qu'elle était traditionnellement.

Quant aux grandes institutions, il me semble que l'aboutissement de la déchristianisation de notre civilisation aura été, paradoxalement, l'interdiction, fin 1991, du PC d'URSS par Boris Eltsine. Car, avec le recul, on se rend compte combien les promesses de salut des chrétiens et celles des communistes étaient proches. Leurs vocabulaires et leurs iconographies différaient, mais le message était identique : endurer des vies pénibles maintenant, en échange d'une gratification à venir, tantôt celle d'un paradis, tantôt celle des lendemains qui chantent. L'affaissement final des pactes chimériques aura été acté, à Moscou, à la fin du XX^e siècle. Il aura fallu deux mille ans pour y parvenir.

Ce n'est pas anecdotique, car la promesse sociétale qui nous est faite, désormais, en est inversée. Quand les mystiques religieuses ou totalitaires nous disaient : « Demain, la récompense », au XXI^e siècle, on nous a affirmé : « Consommez et jouissez tout de suite, vous payerez plus tard. » Cela n'aura pas duré longtemps. La crise actuelle dresse devant nous un panneau « Stop ! ».

Ni nous ni nos gouvernants ne pouvons continuer à tirer ainsi des traites sur l'avenir. Les promesses à crédit étaient aussi un leurre, maintenant, même les candidats aux élections n'osent plus en faire. On commence à comprendre qu'il faudra, désormais, payer cash.

Non seulement le Ciel s'est vidé, mais la dette accumulée refroidit nos fièvres acheteuses, supposées nous consoler vaguement de cette perte. La consommation comme réponse à nos questionnements s'est vite montrée un peu light. Les plus lucides en étaient depuis longtemps conscients, mais se gardaient de le dire au peuple, afin qu'il continue à voter pour des dirigeants illusionnistes.

Deux exemples symptomatiques du refus collectif de l'évidence. En 2002, Lionel Jospin, alors Premier ministre, prononce une phrase qui va sceller son destin politique : « L'État ne peut pas tout. » Tout le monde le savait bien, mais le dire reste un blasphème. Il est éliminé. En 2007, François Fillon, à peine arrivé à Matignon, déclare : « Je suis à la tête d'un État en faillite. » Rare honnêteté de la part d'un politique. Non seulement on n'a pas voulu le croire, mais on le lui a reproché. Cinq ans plus tard, cette vérité nous explose à la figure. Cette résistance à l'évidence vient du refus de voir s'effondrer la fiction d'un État fort et protecteur. Que dirait-on d'un pape qui avouerait : « Il n'y a pas de preuves de l'existence de Dieu » ?

Décidément on ne nous laisse plus croire à rien !

En ce début du XXIe siècle, l'individualisme lui-même subit la crise. Car, comme le note le sociologue Marcel Gauchet : « Que serait l'individualisme contemporain sans la sécurité sociale ? Un funambule sans filet ? » Chacun de nous se voit simple monade, au mieux électron libre, au pire bouteille à la mer. Ses amarres sont rompues, ses illusions perdues, ses repères brouillés.

Que croire ? Qui croire ? À qui faire confiance ? Ces lamentos de l'époque sont d'autant plus anxieux qu'aucune réponse crédible ne s'esquisse à l'horizon. Le doute, dont Descartes faisait le socle de notre liberté de penser, a sapé les fondements de nos sociétés, bien au-delà de ce qu'aurait imaginé le philosophe du *cogito*. Il en vient à ronger, désormais, les conventions sur lesquelles reposent nos relations interindividuelles.

On peut comprendre que certains, nostalgiques du temps des certitudes, choisissent de se réfugier dans des fondamentalismes. Mais assister à une messe en latin ou nier Darwin suffit rarement à bétonner des certitudes. La plupart d'entre nous en sont réduits au bricolage moral. À défaut de croyance, chacun se cramponne à une poignée de valeurs et des traces de principes. Or la fragilité de ces derniers avait bien été remarquée par ce dandy d'Oscar Wilde : « Appuyez-vous sur les principes, ils finiront bien par céder. »

Depuis la Révolution française, on a mis deux bons siècles à s'affranchir d'une foi trop longtemps associée à une férule morale et politique. Le doute qui a pris sa place est moins douillet. Non seulement face à la mort, toujours aussi problématique, mais devant les âpretés de la simple existence. Malgré l'avènement des centres commerciaux aux musiques lénifiantes, reconnaissons, du fond de notre agnosticisme, que ça ne vaut pas l'élévation d'un beau requiem dans une cathédrale, même mal chauffée.

Nous voici donc fragilisés et incertains. Aboutissement d'une longue sortie de traditions et de croyances inculquées à la naissance, et qui ne suffisaient plus à maintenir du lien entre nous. Ce début de siècle constate une anémie fatale des références partagées comme la foi ou le patriotisme, si longtemps hors de doute. Désaliénation salutaire pour les esprits forts, capables de se construire leur propre kit de survie intérieure, au milieu d'un monde où le sens se fait rare. Mais ils ne sont pas bien nombreux et personne, aussi bardé soit-il, ne peut être sûr de demeurer solide face à toutes les péripéties de sa vie et la perspective de sa propre fin.

Le constat le plus lucide n'a-t-il pas été établi par Alain Ehrenberg, dans son livre au titre emblématique, *La Fatigue d'être soi*[1] ? Il note : « Aujourd'hui, en l'absence de toute règle établie, chaque individu dépense une énergie considérable à tenter de définir les siennes, qui pourraient lui redonner de la consistance. Et poser ses propres choix, puisque personne n'est là pour décider à sa place. »

Cette incertitude est probablement le prix d'un réalisme sur le monde et la société, et d'une lucidité informée sur ce que nous pouvons espérer ou croire. « Ce qui ne nous tue pas », etc. Ce n'est pas rien, car les fausses croyances et les mensonges

---

1. Odile Jacob, 2000.

nous avaient, au cours de l'Histoire, trop souvent menés à l'abîme ou mis à la merci de bonimenteurs publics. Désormais, on ne nous la fait plus, et nous ne parvenons plus à croire ceux qui promettent de changer la vie.

Sans aller jusqu'à proclamer que tous les chefs sont des crapules menteuses et tous les intellectuels des « sociaux traîtres » (cet anathème, inventé par les communistes, n'a pas servi depuis longtemps – et c'est bon signe), nous passons chaque affirmation au laser de notre scepticisme et peu s'en sortent indemnes. Car le doute, une fois en chemin, finit par saper nos propres bases, aggravant nos vulnérabilités. Certes, il peut ainsi mener à la sagesse, mais faute de l'avoir atteinte, nous sommes bien obligés d'avancer sans boussole.

Mon Iphone me
fait peur : il doit
me réveiller à 7h00
Mais ce matin, je
n'ai pas entendu
l'alarme.
Je me suis réveillé
pendant qu'il appelait
mon médecin
...
et disait : "Allo,
la hot-line ? mon
utilisateur ne
démarre plus"

## 2

## Le choc numérique

C'est dans ce contexte d'incertitude qu'a fait irruption la grande novation de ce jeune siècle, la révolution numérique. Le croisement historique du brouillage de nos systèmes personnels de référence avec la force de ces « technologies de rupture » (celles qui changent nos manières de vivre) sera peut-être le grand roman du XXIe siècle. Cette simultanéité n'est peut-être qu'une coïncidence historique. Notre marche vers l'individualisme avait commencé bien avant que l'on ait pu concevoir les ordinateurs. La révolution technologique est née, presque par surprise, du fait d'une poignée d'individus qui, comme toujours dans ces cas-là, ne pouvaient avoir notion du raz de marée économique et sociétal qu'ils allaient déclencher.

C'est bien de cette rencontre fortuite que découle la situation actuelle de notre espèce.

Le mot semble habiller large : « espèce » ne veut-il pas dire « tous les humains » ? La civilisation numérique a-t-elle déjà une emprise d'une telle ampleur sur nous ? Clairement oui, car si nous sommes désormais sept milliards, il y a déjà plus de cinq milliards de téléphones portables en service. Y compris au fin fond du Sahel ou des slums de Calcutta. N'y a-t-il pas maintenant plus d'internautes en Chine qu'aux États-Unis ? En à peine une quinzaine d'années, chaque humain s'est technologisé.

En 2000, ces inventions existaient, mais concernaient peu d'entre nous. La vitesse inouïe de propagation du numérique commande notre adhésion instantanée à ce qui est en train de remodeler nos modes de vie. On pressent que ses conséquences dépasseront au centuple celles de l'invention de l'imprimerie.

A priori, ces novations sont une chance inespérée, pour l'humanité et chacun d'entre nous. Elles ont déjà remodelé nos journées autour d'écrans, au bureau ou dans notre poche, qui nous offrent rien de moins que l'accès au monde. Tout passe par ces fenêtres universelles. Du temps de De Gaulle, *Le Canard enchaîné* nommait sa rubrique télé « Les étranges lucarnes ». Depuis, celles-ci sont allées beaucoup plus loin en étrangeté. Par elles nous apprenons ce qui se passe, parlons les yeux dans les yeux avec nos amis et collègues, gérons nos rapports avec tous ceux que nous connaissons, travaillons, nous distrayons, nous instruisons. Plus besoin de bibliothèques (qu'Ikea est en train de sortir de ses catalogues de mobilier). Presque tous les écrits imaginables sont là, dans la lucarne. Plus besoin de sortir pour voir un film, ou faire du shopping. Nous pouvons même repérer, à tout moment, avec leur accord, où se trouvent ceux qui nous importent et réciproquement.

J'écris ce livre sur un écran et vous pouvez choisir de le lire de même. Dans ce cas, une fois que vous l'aurez fini, il restera partout à votre disposition et vous pourrez l'envoyer à un ami à Tokyo ou à Carpentras. Ce texte est aussi imprimé sur papier, puisque la lecture sur tablette n'en est qu'à ses prémices. Mais quand vous le rangerez ensuite sur un rayonnage, où il va prendre la poussière, les chances que vous l'en ressortiez un jour sont inférieures à 1 %. Les habitudes de lecture de chacun vont changer plus ou moins vite, mais inexorablement.

Certaines conséquences sont déroutantes. Un collègue me racontait récemment : « Ma femme et moi sommes partis en voyage en Asie. Un jour, on nous a volé nos deux téléphones portables. Nous ne pouvions pas appeler nos enfants, car nous ne connaissons plus par cœur leurs numéros. »

Nous sommes en voie d'externaliser une partie de nos fonctions cérébrales, comme la mémoire. Une minorité de gens connaissent encore les tables de multiplication. Alors malheur à celui qui ne sauvegarde pas ses données ! On a du mal à le croire, mais ce serait encore, paraît-il, le cas de 40 % de nos compatriotes.

Le XXI^e siècle nous rend-il omniscients et omniprésents ? Tout le savoir humain, ou presque, est à notre disposition en quelques clics, en même temps que nous pouvons être témoins, avec images et son, de tout événement, partout dans le monde. Rien de tout cela n'était prévisible il y a vingt ans, or nous en sommes déjà au point de trouver ça normal. En témoigne la quasi-angoisse de quiconque se retrouve soudain privé d'Internet, ou a laissé par mégarde son portable à la maison.

Le plus inouï n'est-il pas que tout cela se produise simultanément sur la planète entière, et pour des dépenses par utilisateur qui restent modestes ? Il a coûté infiniment plus cher de faire arriver dans chaque foyer l'eau courante que l'Internet. C'est en partie grâce à ce coût modéré que sa propagation s'est faite si vite. La vraie mondialisation, celle qu'il ne viendrait à l'idée de personne de critiquer, est bien là. Elle est irréversible et change la manière d'agir et de penser, pour nous et plus encore pour nos enfants.

Pour les non-techniciens, tout cela semble quasi magique. Quand je contemple mon smartphone, ce talisman, je me dis que j'aurais été prêt à le payer dix ou vingt fois plus pour disposer de tous ses services dans ma poche. Tout en trouvant réjouissant que tous ceux que je côtoie, y compris les plus modestes, y compris des épiciers de Kaboul, utilisent peut-être le même que moi. Personne ne le paie plus cher, sauf les nababs qui, pour qu'on les remarque, les font sertir de diamants. Cet objet infiniment plus intelligent et utile qu'une Rolex est un vrai luxe à portée de tous.

Mais à quoi sert de rouler en Ferrari dans les bouchons ? Or notre vie ressemble de plus en plus à un encombrement permanent. Poursuivons l'exemple de mon écran de poche. À combien d'applications me donne-t-il accès ? Depuis décembre 2011, plus d'un million. Combien en ai-je chargé ? Une soixantaine. Et là-dessus, j'en utilise vraiment combien ? Moins de vingt. Pourquoi ? Surtout par manque de temps, ou de réel besoin.

Nous ne sommes donc que potentiellement omniscients et omniprésents, car nous n'en profitons qu'à peine, faute de capacités ou de disponibilité. Les machines sont plus performantes que nous, en savent plus que nous. Même dans nos cuisines, une foule de petits moteurs nous offrent une gamme de services largement supérieure à l'usage que nous en faisons.

De même, compter des centaines d'« amis » sur des réseaux sociaux ne change rien à l'impossibilité temporelle d'entretenir une vraie relation, au-delà d'une poignée d'entre eux.

C'est l'esquisse d'une parabole qui décrit l'individu plus libre et plus mobile que nous sommes devenus, depuis que nous avons perdu nos illusions. Nous avons, avec génie, créé une machinerie étonnante, puissante et théoriquement à notre service. Elle rend notre vie matérielle et intellectuelle incomparablement plus facile que celle de nos ancêtres.

Mais en même temps ces outils, de plus en plus complexes, se sont emparés de notre temps, donc de notre vie. Nous consacrons une part de nos précieuses heures à en apprendre le maniement, lequel est constamment « mis à jour » et donc souvent à réapprendre. D'où cette impression perturbante de courir derrière la technologie plutôt que de la maîtriser. Ainsi nous phagocyte-t-elle une grande partie du temps que nous aimerions consacrer à jouir de tout ce qu'elle nous offre.

Pendant ce temps, ces mêmes outils que nous aimons d'autant plus critiquer qu'ils nous sont devenus indispensables sont en voie de transformer la vie de populations bien moins favorisées que nous. Ils permettent ainsi à des pays émergents de disposer d'emblée d'un réseau de communication sans avoir besoin de creuser des tranchées pour y enfouir des câbles. Ils donnent accès à des nomades africains ou des villageois isolés à un système de paiement ou de transfert d'argent, sans qu'aucune agence bancaire ne soit installée. Ils permettent à des enseignants prestigieux d'être suivis dans des écoles de brousse. Ils mettent potentiellement chacun sur toute la planète au même niveau d'information sur toute découverte. Ça ne suffit pas à garantir que le progrès devienne uniforme partout, mais ça n'en reste pas moins un puissant accélérateur d'égalisation des chances.

Tu lis tous ces livres numériques gratuits que tu installes sur ta tablette ?
Pas encore : pour l'instant je les collecte !
Avec ces milliers de titres, j'aurai une super bibliothèque !

## 3

## Désirs planétaires

La pesanteur humaine moderne – trop de désirs, pas assez de temps – atteint un paroxysme. Comme si, à chaque invention censée nous dégager du temps (« Moulinex libère la femme »), d'autres avaient succédé qui nous en prennent davantage. Les tentations de les acquérir se multiplient néanmoins, soigneusement attisées par les experts de la création des désirs. Comment ne songerait-on pas à l'infortuné Tantale qui, puni pour avoir voulu égaler les dieux, se retrouva placé au milieu d'eau fraîche et de mets succulents qui se dérobaient lorsqu'il se penchait pour les absorber ? Tantale entouré d'abondance, mais condamné aux affres du manque.

Le paradoxe s'accentue car ces prouesses techniques ne nous procurent ni davantage de temps ni un supplément d'âme, alors que nous en ressentons le plus grand besoin dans cette époque désenchantée. Ce que Bergson entrevoyait il y a près d'un siècle : « Dans ce corps démesurément grossi, l'âme reste ce qu'elle était, trop petite maintenant pour le remplir, trop faible pour le diriger. D'où le vide entre lui et elle. » Nous connaissons à la fois surpuissance et perplexité sur le sens de ce que nous vivons. Nous avons du mal à répondre à cette simple question : en quoi cette puissance que nous avons conquise nous rapproche-t-elle du bonheur et de la sérénité face à notre destin de mortels ?

Paradoxe encore que la démultiplication de notre capacité de communiquer, bien au-delà de ce que nous avons à dire. N'oublions pas que Facebook a été conçu par un étudiant frustré d'Harvard, Mark Zuckerberg, pour diffuser à ses copains des classements douteux des filles qui le tenaient à distance. Il est emblématique de ce siècle que cette invention, triviale dans ses débuts, ait trouvé ses heures de gloire en permettant aux révoltés des printemps arabes de se rassembler, de se coordonner. Car eux avaient quelque chose d'essentiel à communiquer : « Liberté ! » Pendant que, dans nos pays où il n'y a plus de murs à faire tomber, les contenus transmis par ce réseau gigantesque étaient plutôt au service d'un nombrilisme sympathique, mais peu porteur de sens. Exemple caractéristique de l'aptitude curieuse mais réjouissante de notre espèce à inventer un peu au hasard, puis à faire de ces inventions des usages imprévus, quelquefois dérisoires ou terribles, mais souvent féconds.

Étrange paradoxe enfin que l'utilisation des téléphones individuels puisse aboutir à nous distancier d'une communication intime. Déjà, lorsque son ancêtre, le combiné à fil, avait conquis nos sociétés, des craintes s'étaient exprimées que ne se réduisent les face-à-face, les occasions de vraies rencontres en chair et en os. Mais il apportait tellement d'autres avantages ! Aujourd'hui, la manière dont les jeunes, ses plus fanatiques utilisateurs, utilisent leur GSM me trouble. Leurs forfaits comprennent souvent un nombre illimité de SMS, mais seulement une ou deux heures de parole par mois. Alors qu'ils s'envoient des dizaines de textos ou photos par jour, éprouvent-ils donc si peu le besoin de se parler ? Peut-être même le craignent-ils.

Est-ce parce qu'ils n'ont pas assez à se dire ? Parce que la voix est un mode de communication trop chargé d'affectivité, de proximité ? Ou, plus prosaïquement, parce qu'ils choisissent de se parler sur Skype qui est gratuit ?

Nous pouvons joindre des milliards de nos semblables, mais de combien d'entre eux avons-nous envie de nous approcher ?

De crainte de jouer les scrogneugneux, j'hésite presque à avouer mes interrogations, parallèles, sur les changements qui en résultent dans l'usage de la langue. Pourtant l'évolution est claire : moins de mots, moins précis et davantage de fautes d'orthographe. Ces dernières découlent de ces facultés qui s'atrophient, quand nos machines deviennent plus performantes que notre cerveau. Comme les calculettes pour le calcul mental, les portables pour la mémoire des numéros et des adresses. Nos correcteurs automatiques arrangent, en douce, nos bévues et c'est encore un effort de moins. J'avoue qu'à leur pratique j'ai perfectionné ma ponctuation. Encore faut-il les activer. À lire certains des mails qui m'arrivent, je doute que leur usage soit systématique.

Mais ce qui change le plus les modes d'expression modernes, ce sont les formats de plus en plus courts qu'imposent les SMS et Twitter. Déjà les pubs télé bridées à trente secondes, voire moins, ont rythmé les tempos des réalisateurs de films. Quand le public est habitué à capter une intrigue et sa conclusion en une demi-minute, on ne tourne plus des plans où l'acteur met la clé dans la serrure, tourne la poignée puis pousse la porte. Chaque seconde compte pour soutenir l'attention du spectateur. Tous les médias ont emboîté le pas. Si l'on est invité à s'exprimer deux minutes trente à la radio ou la télévision, on se dit que ce n'est pas si mal. Même si souvent, à la diffusion, on s'aperçoit qu'on a été réduit à quarante-cinq secondes. Mieux que rien.

L'impatience, qui s'accentue chaque année depuis le début de ce siècle, amenuise d'autant le temps d'attention de ceux qui écoutent. Les profs sont confrontés à ce dilemme. On rapporte que certains, en désespoir de cause, ont même essayé de faire une partie de leur cours au format SMS. Tout aussi pittoresques, les « tweet-homélies » de l'évêque de Soissons, qui tente de diffuser un Évangile encapsulé. Ça donne, par exemple : « Jésus était en route : deux aveugles le suivirent. Seul le Christ peut être suivi aveuglément, car il nous rend libres. » De fait, c'est moins long qu'une grand-messe chantée. Au XXI^e^ siècle, le SMS a plus d'influence sur l'usage de la langue que l'Académie française. Comme dans la Chine traditionnelle où l'on déformait les pieds des filles pour que, maintenus minuscules, ils flattent les fantasmes des hommes, le SMS tord les mots et la grammaire pour tenir dans un format arbitraire. Avec Twitter, c'est une civilisation mondiale, chefs d'État compris, qui s'oblige à limiter son expression à cent quarante signes. On s'efforce de se plier à ces contorsions verbales, par crainte de ne plus « être dans le coup ».

On fait grand cas de la biodiversité et il est réconfortant de constater que de jeunes citoyens s'inquiètent du risque de disparition de quelques espèces de papillons ou de caribous. On en tient compte dans les programmes politiques et les ministres de l'Environnement sont priés de manifester leur sollicitude. Mais, curieusement, aucun ne semble chargé de la verbodiversité. Or, quand l'usage des mots s'appauvrit, la pensée devient approximative. Personne ne l'a mieux dit que Mark Twain : « La différence entre le mot juste et le mot presque juste est la même qu'entre l'éclair et le ver luisant. »

J'ai évoqué successivement deux thèmes qui semblent éloignés l'un de l'autre. D'une part, l'individualisme sécularisé qui avait émergé, avec le reflux des croyances, bien avant les révolutions techniciennes. D'autre part, les inventions qui désormais sont en train de façonner notre nouveau siècle. Celles-ci ne sont pas à l'origine de la solitude accrue de nos contemporains, mais puisque individualisme et numérique coexistent aujourd'hui, observons comment ils se combinent pour tracer notre paysage actuel. Ainsi, quoi de plus grisant, pour une personne dans la foule, que de voir d'un coup se multiplier les moyens d'établir et de multiplier des liens avec d'autres isolés ? La mutation technologique a rendu possible, au profit de chacun, un partage à l'échelle de la planète entière. Un des plus étonnants n'est-il pas Wikipédia, dont chacun de nous peut se servir quotidiennement, en faisant ainsi le cinquième site le plus fréquenté du monde ? Témoignage de Susan Hewitt, l'une des innombrables contributrices à cette montagne de savoirs : « Avec Wikipédia, des *nerds* comme moi, qui aimons des choses aussi bizarres que les gastéropodes (les escargots), peuvent se réunir et partager leur passion avec le reste du monde. La magie de Wikipédia naît de cette lumière indescriptible en nous tous, qui vient du désir d'éduquer et d'aider à partager la connaissance. »

De fait, nous ne sommes pas assez conscients de la générosité de ces centaines de milliers de modestes donateurs, dans toutes les langues, qui œuvrent sans rémunération à apporter leur petite pierre à la connaissance de tous leurs semblables. Car il n'existe aucun droit d'auteur pour ces anonymes. Chaque monade peut ainsi ajouter à l'édifice et bénéficier de l'apport de toutes les autres. Un puissant réseau transversal et participatif mondial nous enserre désormais, mais n'intensifie pas pour autant les contacts physiques entre nous. Car plus besoin d'aller dans les bibliothèques publiques, ni même les librairies. De moins en moins dans les magasins. Un nombre croissant de télétravailleurs gagnent leur vie à domicile. Chacun peut rejoindre, à son gré, une cohorte immense mais virtuelle, façonnant ainsi une société si nouvelle que ses contours nous échappent encore.

Nouvel exemple, en tout cas, de la manière dont la coïncidence entre l'autonomie revendiquée par chaque individu et la technologie démultiplie les effets de notre individualisme. En nous libérant des tutelles des croyances et des hiérarchies, nous avions sapé les bases de ces sociétés verticales telles qu'elles fonctionnaient depuis vingt siècles. Conséquence de cet affranchissement des groupes ou des communautés, le risque de l'isolement ne pouvait se compenser qu'en nous rapprochant d'autres semblables également en recherche. À ce besoin d'horizontalité, de mutualisation, voire de solidarité, les technologies de réseau sont en train d'apporter une réponse d'ampleur. Usages personnels, usages professionnels ? Qu'importe. En matière relationnelle, les cartes sont en train d'être rebattues, désormais à l'échelle du monde.

Pour le meilleur ou le pire ? Nous le verrons plus tard, mais l'enjeu est passionnant et mérite qu'on s'y consacre.

As-tu reçu mes voeux envoyés à ma liste d'amis ?
Pourquoi cette question ?
tu n'as pas reçu mes voeux de retour automatiques ?

# 4

# Prométhée déconcerté

Deux siècles après les Lumières, nous avons consacré tous nos efforts à perfectionner inventions et maîtrise du monde et nous avons réussi, au-delà des plus extravagants fantasmes de nos aïeux. En même temps, nous avons amélioré nos conditions d'existence. Malgré une démographie galopante, que nous avons déclenchée à notre insu, nous sommes en voie de sortir collectivement de la misère. Une réussite incontestable. Et après, on fait quoi ? *More of the same ?*

On peut voir en l'humain du XXIe siècle un Prométhée déconcerté. Certes, il a dérobé aux dieux leurs savoirs, mais en même temps, il a vidé l'Olympe. Il s'est approprié les instruments de la puissance, perfectionne chaque jour leur usage, en continuant à s'interroger sur leur finalité et leur sens pour lui, au-delà de leur simple usage. À l'instar de ce commandant de bord s'adressant à ses passagers : « J'ai une bonne et une mauvaise nouvelle. La bonne est que nous sommes parfaitement à l'heure, la mauvaise est que nous sommes perdus. »

Pour rester dans la métaphore aérienne, les élèves pilotes passent plus de temps aux commandes d'un simulateur qu'à celles d'un appareil en vol, beaucoup trop coûteux. Comme leur nom l'indique, ces simulateurs excellent à recréer sensations et situations quasi réelles. Quasi, comme tout ce qu'invente, chaque jour un peu plus, cette civilisation digitale. Elle nous fascine, car elle crée constamment de nouveaux territoires, offre de nouvelles possibilités. Et si cet écran, toujours à notre portée, était notre simulateur de vie, où tout peut se passer, où tout nous parvient, à la seule exception des objets physiques et des personnes vivantes ? Mais ces derniers aujourd'hui jouent-ils encore pour nous le rôle principal ?

D'ailleurs, combien de temps sommes-nous, vraiment, en compagnie d'autres ? Pas dans ces bureaux paysagés et silencieux où chacun reste, presque immobile, penché sur son écran. Pas dans ces transports où nos petits écrans, comme auparavant les livres, nous permettent d'ignorer l'existence de voisins. Guère chez soi où, avant de tomber de sommeil, nous nous laissons captiver par quelque écran.

Aussi, la part des contacts directs et physiques aux autres s'atrophie-t-elle. Il était donc inéluctable que notre foule solitaire devienne un immense marché, celui de la recherche de relation. Dans un monde où, malgré la concentration humaine dans des villes, le contact se fait plus rare, le Web offre un moyen puissant et inédit sinon de découvrir l'autre, au moins de s'en approcher. D'où la multiplication des sites de rencontres qui, à défaut de garantir l'âme sœur, permettent de s'offrir des soirées entières de fantasmes en explorant, sur son écran, des harems virtuels. Dommage que ce mot n'ait pas d'équivalent pour les femmes. N'en faudrait-il pas un, puisque ces sites placent enfin filles et garçons à parité dans cette chasse pacifique ?

Peu après avoir industrialisé le shopping de l'accouplement, le Web s'attaquait, par les réseaux sociaux, à celui de l'amitié, en même temps qu'à celui d'un certain nombrilisme.

Aujourd'hui que Facebook tangente le milliard d'utilisateurs, en quatre-vingts langues, je me souviens des toutes premières années, vers 2004, où ce réseau n'était décrit que comme destiné aux étudiants anglophones. Sa raison d'être originelle, pour ses utilisateurs, était de se présenter, voire se mettre en scène, en direction d'un groupe de gens choisis et nommés « amis ». Rapidement, le jeu a consisté à ajouter des noms à cette liste et battre des records de nombre. « C'est la première fois, remarque un humoriste, que j'ai autant d'amis… que je ne connais pas. »

On imagine ce qu'un Montaigne (« Parce que c'était lui, parce que c'était moi ») aurait écrit sur l'idée même de mesurer l'amitié en chiffres. Internet dématérialise toute relation, comme c'est sa vocation de le faire puisqu'il régit le monde virtuel. Des utilisateurs convaincus m'affirment qu'il leur arrive de participer avec plaisir à des réunions physiques de facebookers, qui ne se seraient pas connus autrement. Mais la plupart du temps, la pratique du réseau social relève de ce que Boris Cyrulnik appelle la « communication sans relation ». N'est-ce pas l'emblème de cette coïncidence du siècle ? Les noces de l'individualisme et du numérique sont célébrées sur Facebook.

Cet individualisme est aussi fortement servi par la méga-industrie des jeux numériques, qui peuvent nous emporter vers l'univers de notre choix. Et là, deux versions : ceux auxquels on joue seul, et ceux où l'on recherche une partie collective. Mais dans les deux cas, le but est le même :

activer ses neurones en boucle sur soi-même. Y compris lorsqu'on y est engagé à plusieurs. Un adulte, utilisateur frénétique d'un des plus célèbres jeux en groupe, World of Warcraft, a une phrase révélatrice : « Plus besoin de trouver des copains pour jouer, on est tout de suite en réseau avec d'autres. » Un anonyme, seul chez lui, le soir, rejoint d'autres anonymes, dont il ne saura rien d'autre que leur capacité à être meilleurs ou moins bons que lui pendant les trois ou quatre heures de la partie.

Mais les jeux auxquels on s'adonne seul avec soi-même sont les plus nombreux. De ce million d'applications désormais accessibles à tout possesseur d'un smartphone, la grande majorité sont des jeux solitaires. Mots croisés ou fléchés, sudokus, scrabbles, patiences ou puzzles existent de longue date. Les *videogames* ont, là encore, démultiplié à l'infini les gammes possibles et stimulé l'imagination des créateurs. Ce n'est pas qu'une activité juvénile. Témoins ceux de tous âges, qui, dans les trains ou les salles d'attente, restent courbés sur leur petit appareil, dont la principale fonction est de stimuler leur cerveau en circuit fermé. Ce doit être un besoin essentiel. Selon la Faculté, ça ralentirait même le vieillissement de nos neurones.

Comme la légendaire langue d'Ésope, le Web, selon la personnalité de chacun, l'aide puissamment soit à s'extérioriser, soit à se refermer sur soi. Heureusement qu'au-delà des machines, le comportement humain reste premier. Petit bénéfice narcissique, la communication numérique invente aussi le narcissisme automatique, la personnalisation simulée. Nous recevons, chaque jour, des hordes de spams libellés à notre nom. Pas une proposition commerciale qui ne commence par notre prénom : « Cher Jean-Louis ». La personnalisation mécanise notre soif de reconnaissance, comme les réseaux le font pour celle du relationnel. Il existe même un sympathique lapin, pas cher à l'achat, que l'on peut programmer pour dire toutes les heures : « Je t'aime, Pétronille, parce que tu es la plus belle ! » Et, contrairement au miroir de Blanche-Neige, il est incapable de perfidie. Sauf si un plaisantin trafique sa programmation.

Toutefois, la personnalisation rend un vrai service lorsque, entre autres, nous pouvons donner instruction à Google de nous envoyer, à toute heure, ce qui passe sur le Web sur les thèmes ou les personnes qui nous intéressent, que ce soit le Kirghizistan, les coléoptères ou Oscar Dugommier. Mieux vaut éviter d'en demander trop, car on est vite submergé par les réponses. On finit par oublier que ce sur-mesure est géré par des machines, sans aucune intervention humaine. Au fond, qu'importe, si ça peut nous donner l'impression d'exister au monde.

Parallèlement, nos relations aux autres se sont technicisées. Nous avons perfectionné et démultiplié nos recherches de couples, ou de compagnonnages, au risque de les rendre plus éphémères. Car devant une offre pléthorique, la possibilité de tenter d'autres rencontres, à la moindre déconvenue, incite à un nomadisme de l'affectivité. Or, dans la plupart de nos activités, ces modes de rapport, brefs ou élaborés, fonctionnels ou ludiques, créent plus de distance que de proximité. Une conversation en direct, sur écran, imite de près une rencontre, mais n'en est à l'évidence pas une. On le touche du doigt (c'est le cas de le dire) au moment où l'on clique sur le point rouge qui l'interrompt, avec ou sans civilité.

Le relationnel numérique que permet le Web (au double sens du terme, numérique comme la technologie, numérique par la multiplication des contacts) doit être tempéré une fois de plus par le bon sens. D'après une étude de Facebook auprès de ses utilisateurs, peu importe de comptabiliser cinquante ou cinq cents « amis », on ne peut guère consacrer de vrai temps à plus de cinq ou six d'entre eux.

Obnubilés par nos performances techniques et poussés par notre naturelle avidité, nous avons allégé au maximum nos règles morales et de courtoisie, pour donner à chacun le loisir de vivre selon ses choix et sans contrainte, au nom de l'individualisme décomplexé qui serait majoritaire aujourd'hui. Nous commençons à pressentir que c'est un peu court d'avoir, pendant cette fête technicienne et matérialiste, négligé d'inventer un vivre-ensemble adapté aux changements radicaux dont cette modernité, voulue et réussie, était porteuse. L'individu ayant désormais tous les moyens de satisfaire ses aspirations, il s'avise en même temps que ni la vie intérieure ni la convivialité ne sont en vente sur eBay.

Aux grandes questions de l'existence, nous avons cru pouvoir apporter des réponses d'ingénieur. Les plus lucides constatent aujourd'hui que ça ne va pas suffire à nous apporter le bonheur, qui reste notre quête instinctive et légitime. Pas étonnant que l'on constate un regain d'intérêt pour la philosophie. Le reflux des croyances laisse nos questions existentielles en jachère. Les « Qui sommes-nous ? » et « Que faisons-nous là ? » n'ont guère avancé depuis Socrate. La question du sens reste entière et grossit même sur l'horizon. Mais ce n'est pas la moindre vertu de nos prouesses matérielles, depuis deux siècles, que d'avoir atteint un niveau de progrès qui nous pousse à nous retrouver face à l'essentiel.

Un économiste un peu philosophe du siècle dernier, Jean Fourastié (qui a inventé l'expression « Trente Glorieuses »), concluait, en 1949, sa longue analyse de notre civilisation technicienne en écrivant : « La machine conduit l'homme à se spécialiser dans l'humain. » Ce que l'anthropologue Gregory Bateson confirmait en termes psychologiques : « L'esprit, après avoir tout expliqué, est devenu ce qui doit être expliqué. »

Il aura fallu attendre un demi-siècle pour que leurs prophéties se concrétisent. Mais à l'échelle de l'Histoire, c'est à peine un délai.

Si cette orientation prometteuse s'offre à nous aujourd'hui, elle n'est pas encore vraiment opérationnelle. Nombre d'obstacles devront encore être aplanis, nombre d'incongruités repérées et corrigées. Le temps du retour des philosophes sur l'agora n'est pas encore venu. Nous devrons continuer à déminer le chemin qui y mène par un inventaire des questionnements inédits, des situations bizarres dans lesquelles nous nous trouvons, une douzaine d'années après le changement de millénaire.

Ce siècle est encore jeune, il serait prématuré et injuste de formuler sur lui un jugement. Inutile de spéculer autour du cliché du verre à moitié vide ou à moitié plein. La seule certitude est que ce sera à nous et à nos descendants de le remplir ou de le vider. Mieux vaut donc l'aimer, d'autant que tous ceux qui lisent ces lignes aujourd'hui vont y passer le reste de leur vie.

Pour ma part, je ne m'inquiète pas outre mesure, j'en ai vu et entendu d'autres, mes contemporains aussi. Il est inévitable que sept milliards d'individus génèrent une masse de problèmes. Il y en avait tout autant, souvent plus violents, dans les siècles antérieurs. La différence est que nous en sommes mieux informés. Une fois pris ce recul, je trouve notre nouveau siècle passionnant, novateur et souvent amusant. Y compris du fait que son mode d'emploi nous reste à découvrir.

Vous voyez loin dans l'avenir avec votre boule ?
En ce moment, je peux voir jusqu'à 2 ou 3 jours...
Comme la météo, quoi !

## 5

## Un avenir illisible ?

Le progrès ! Le progrès ! J'ai grandi dans la conviction qu'il était à la fois la cause et la conséquence de toutes les découvertes scientifiques, de toutes les avancées sociales, de tous les accroissements des niveaux de vie. On sortait d'une guerre où l'innovation avait accéléré la victoire. On entrait dans la social-démocratie inspirée des idées de Keynes et l'État mettait en place la sécurité sociale et la redistribution des revenus. On se pressait au Salon des arts ménagers, qui apportaient les nouvelles technologies dans nos maisons. On m'administrait les premiers antibiotiques. J'allais à Londres en Caravelle. Le progrès, c'était concret et proche. C'était pour nous.

Je me souviens qu'en 1962, il y a juste cinquante ans, le budget de la France était à l'équilibre, il n'y avait pas de chômage ni d'endettement, le taux de croissance était de 6 %. Les diplômés trouvaient un contrat d'embauche à la sortie de l'école. Valéry Giscard d'Estaing était un jeune ministre des Finances heureux et promis à un bel avenir.

Pendant plus de trente ans, les prévisions se résumaient à prolonger les courbes existantes : le progrès était le plus souvent pensé en termes de « plus de », « moins de ». Accroître et perfectionner nos inventions. Diminuer la misère par la croissance. Faire en sorte que tous soient plus instruits, devenant peut-être ainsi plus tolérants, plus raisonnables. La foi dans la science et dans l'homme remplaçait avantageusement celle dans un Dieu dont les promesses avaient l'inconvénient de ne s'accomplir que dans l'au-delà et de ne pas pouvoir être auditées. Tandis que les dividendes du progrès, on pouvait les encaisser de notre vivant et les laisser en héritage à nos enfants.

Au vu des performances des XIXe et XXe siècles, la croyance en un progrès sans fin n'avait rien d'absurde. La science avait avancé si vite que des savants sérieux avaient cru pouvoir affirmer vers 1900 qu'elle n'aurait bientôt plus grand-chose à découvrir. Les utopies sociales, rêvées au XIXe siècle par les Saint-Simon, les Fourier, les Godin, s'étaient concrétisées dans les social-démocraties réformistes que sont devenus la plupart des pays développés. Elles ont apporté des libertés, une meilleure égalité dans l'instruction, une protection jusque-là inconnue contre les accidents de la vie. Toutes choses que l'on n'aurait crues accessibles qu'après une nouvelle révolution. Aussi, le « Grand Soir » comme seul moyen de changement politique et social avait perdu de sa crédibilité. Victor Hugo l'avait prévu : « Le progrès, ce n'est rien d'autre que la révolution faite à l'amiable. »

Plus étonnant encore, ces progrès se sont poursuivis, à peine ralentis par les catastrophes destructrices et meurtrières du XXe siècle : les deux guerres mondiales et les hécatombes dans les deux empires communistes, soviétique et chinois. Comment ne pas en conclure que rien ni personne ne pouvait arrêter la marche du mieux-être et du mieux-vivre ?

Alors pourquoi, au XXIe siècle, ce découplage inédit entre progrès et avenir ? La médecine continue à nous réparer, à nous prolonger avec moins de douleurs et d'effets secondaires. Le niveau de vie, oui, même chez nous, continue à croître. Pourtant l'avenir semble devenu illisible, du moins dans nos pays à la croissance poussive. On ne croit plus à la croissance, on se méfie de la technique, on craint pour son pouvoir d'achat, ses avantages sociaux. Les politiques n'osent plus promettre ce que Raymond Barre appelait des « sucreries » : les plans à moyen terme, pour les entreprises comme pour les États, ne semblent plus crédibles.

Pourquoi 65 % des parents en France, dans les pays développés, pensent-ils que leurs enfants vivront moins bien qu'eux ? Une inquiétude d'ailleurs partagée par ces derniers, dont plus de la moitié estiment déjà que leurs parents auront eu un meilleur niveau de vie que le leur. Pourquoi avons-nous peur de ce que nous mangeons, du nucléaire, de l'immigration, de la baisse du niveau de vie, du réchauffement climatique, du stress meurtrier, de la concurrence des pays émergents, de la mondialisation, de l'endettement étouffant, du chômage, bref de l'avenir ? Un nouveau sentiment de fragilité sociale pousse plus de la moitié de nos compatriotes à juger possible qu'eux-mêmes ou l'un de leurs proches se retrouvent un jour dans la rue.

Pourquoi les descriptions du futur se focalisent-elles sur les catastrophes ? Épuisement des ressources de la planète, croissance démographique débordante, pollution de l'air, rareté de l'eau, montée des océans submergeant les littoraux, arrêt de l'augmentation de la longévité du fait des produits toxiques répandus dans la nature, multiplication des cancers à cause de l'industrialisation croissante des aliments, etc. La prise de conscience écologique ajoute une nouvelle couche de culpabilité : l'homme commet des crimes de lèse-nature, donc il doit se racheter par l'abstinence.

Tandis que la science ne cesse d'innover, de découvrir, de nous ouvrir des horizons nouveaux, l'horizon paraît aussi noir qu'à quelques heures d'un orage majeur. Bien qu'en dehors de quelques guerres locales, nous vivions en paix depuis plus de soixante ans et que la menace d'apocalypse nucléaire ne soit plus évoquée depuis la fin de l'empire soviétique.

Le défi actuel est celui de l'adaptation au ralentissement des croissances dans nos pays et la diminution, en conséquence, de certains avantages collectifs. Elle rognera une partie de nos conforts, mais reste surmontable. Cela ira probablement mieux dans cinq ans, au prix d'efforts soutenus, de solidarités nouvelles, d'apprentissages d'habitudes plus frugales.

Certes, la crise environnementale est plus sérieuse, car nous n'avons guère d'autre choix, pour éviter l'épuisement des ressources et les pollutions meurtrières, que de rétropédaler collectivement. Et nous n'aimons pas cela, comme quiconque à qui l'on annonce qu'il vit au-dessus de ses moyens et qu'il va devoir changer ses habitudes. Même si ce n'est pas agréable, c'est moins dramatique qu'une guerre ou des émeutes sociales. L'ajustement de nos désirs à nos moyens sera le principal chantier à la fois éthique et politique de ce siècle, ce qui n'a rien de catastrophique.

Et si la crise la plus grave que nous ayons à affronter, parce que sa présence interdit toute solution aux autres, était une crise de moral ? « L'imagination est amie de l'avenir », écrivait Rivarol. Or personne ne nous propose aujourd'hui de récit crédible sur notre siècle. Les dernières campagnes électorales n'en ont-elles pas fait l'affligeante démonstration ?

Ni les politiques, ni les penseurs de service, ni même les savants ne se risquent à nous esquisser un futur. Est-ce parce qu'ils ne savent pas, ou qu'ils n'osent pas ? Pour l'instant, nous nous contenterions d'un récit de sortie de crise et de nouvelles manières de vivre ensemble, réalistes et humaines à la fois.

Paradoxalement, c'est un homme d'âge qui nous donne à cet égard le juste conseil. Edgar Morin, qui a traversé les moments les plus périlleux du siècle précédent, se définit comme « opti-pessimiste » et nous incite à faire de même. Ce n'est pas seulement une sagesse, encore moins une posture, c'est une incitation à l'action, sans illusion mais sans crainte. Les enquêtes classent souvent les Français comme le peuple le plus pessimiste. Pourtant, à regarder les chiffres de près, on constate que s'ils disent craindre pour l'avenir du pays, à titre personnel ils estiment, en majorité, pouvoir s'en sortir sans trop de mal. Nous sommes probablement des « opti-pessimistes » en action. Est-ce pour cela qu'en ce début de XXIe siècle, le pays semble moins proche de l'effondrement que l'atmosphère médiatique ne le fait supposer ?

j'ai essayé le christianisme, le bouddhisme ...
le Marxisme, le libéralisme ...
Puis finalement, je me suis converti ...
au pragmatisme

# 6

# Retrouver des repères

Je ne m'étais pas avisé qu'en me détachant du catholicisme et en assistant, soulagé, au naufrage des communismes, je me retrouvais, comme la majorité d'entre nous, privé de croyances partagées. Plus de vérités révélées, qui nous proposaient dès l'enfance des réponses toutes faites aux deux questions obsédantes pour nous humains : pourquoi suis-je né ? Pourquoi dois-je mourir ? Les Églises, enkystées dans leurs fonctionnements et leurs rituels figés, n'arrivent plus à diffuser une spiritualité convaincante.

Pas davantage de grands mythes collectifs crédibles, capables de nous inciter au dévouement, voire au sacrifice. Les idéologies promettant le pouvoir au peuple se sont toutes perverties en dictatures et en massacres. Le XX$^{e}$ siècle n'a-t-il pas été le plus meurtrier de l'Histoire, puisque les technologies (mitrailleuses, chambres à gaz, bombes atomiques) ont instauré l'industrialisation de la mort ?

Nous en étions tous sortis sonnés et avides de paix, ce qui nous a permis de vivre plus d'un demi-siècle sans grandes conflagrations planétaires. Dans nos pays favorisés, on en a profité pour se doter du confort moderne et prendre des habitudes dispendieuses. Comme nous aimons baptiser nos péripéties de mots en « isme », nous avons placé les dernières décennies sous le parrainage du libéralisme et d'un capitalisme décomplexé. Mais ces « ismes »-là ne nous ont rempli ni le cœur ni l'âme. On ne tombe pas amoureux d'un taux de croissance.

Déçu par ce manque de transcendance, j'ai eu, comme d'autres, mon épisode bouddhiste. Une belle rencontre intellectuelle, car le bouddhisme est une forte école de recherche des causalités et de chasse aux faux-semblants.

C'est précieux pour accepter le réel, mais pas forcément porteur de réponses au mystère de l'existence. Ces idées continuent à m'inspirer, mais davantage comme une philosophie de vie que comme une clé existentielle.

Pour le quotidien, il me restait au moins des valeurs judéo-chrétiennes, devenues morale citoyenne. Croyant que celles-ci étaient indissociables de l'enseignement républicain, j'ai été surpris de constater que, désormais, elles pouvaient faire sérieusement défaut. Incivilités, muflerie ou avidité financière décomplexée attestent d'un effacement des codes que j'avais crus installés dans la trame de nos sociétés réputées civilisées.

C'est qu'une autre grande braderie de repères avait suivi les émotions libertaires de Mai 68 et de ses équivalents ailleurs dans le monde. Le rejet de l'autorité-carcan, la soif de réalisation de soi ont alors fait considérer toute discipline comme une entrave, toute règle comme une férule. Une libération sans doute salutaire, mais aussi une mise en doute des principes de base du vivre-ensemble. La revendication du droit de chaque individu à s'accomplir, née d'une vulgate freudienne plus ou moins comprise, a donné le meilleur (le féminisme) comme le contestable (la jouissance comme droit et comme injonction). Ce que la sociologue Irène Théry a fortement campé : « Mai 68 a créé une prime à la critique gratuite, à la radicalité dérisoire, qui veut que l'on s'indigne en bloc, mais que l'on ne réponde à aucune question, que l'on ne traite aucun problème et que, au final, on se lave les mains de tout. Une prime à l'individualisme extrême. »

Je ne regrette évidemment pas les rigidités de ces corps d'idées d'antan, trop souvent meurtriers au cours de l'Histoire, ou simplement étouffants pour l'aspiration légitime à une vie épanouie. Mais rien de convaincant n'est venu remplir ce vide de sens.

Comme mes contemporains, me voici donc un peu seul dans ce siècle matérialiste, technologique et fortement « monétisé », sans renfort moral ni recette de transcendance. Quelquefois, je trouve que la nécessité de « faire face au néant sans en faire toute une histoire » (Roger-Pol Droit) est un peu abrupte. Surtout depuis qu'il n'y a plus de notice explicative. Comme le note le psychiatre Serge Hefez : « C'est difficile de se dire que tout dépend de son moi. Surtout lorsque l'on se représente celui-ci comme libre des normes sociales, familiales, culturelles. Le mythe de l'individu moderne, c'est qu'il doit être libre de toutes ces contraintes. Mais c'est impossible [1]. » En même temps, devoir inventer ses propres repères pour vivre, n'est-ce pas tout l'intérêt et même la noblesse du destin d'humain au XXIe siècle ?

Ce dernier nous offre, depuis peu, un dérivatif qui, pour beaucoup, occulte encore l'urgence de

1. *Psychologies magazine*, janvier 2010.

retrouver du sens. L'équivalent actuel au divertissement pascalien est cette grande fête numérique. Nous la retrouvons tout au long de ce livre, car elle est en train de reconfigurer nos comportements tout en ouvrant des perspectives qui nous étonnent chaque jour. Elle captive nos imaginations, occupe une part croissante de nos journées, stimule le commerce et l'invention, décuple les possibilités de contacts entre nous et nos semblables. Instrument performant, elle nous facilite le « comment », le rend même ludique, mais n'a rien à nous dire sur le « pourquoi » !

Je m'efforce de ne pas l'oublier, de ne pas me laisser étourdir par les griseries techno de l'époque qui peuvent me faire perdre de vue l'accomplissement de mon destin de mortel. Aujourd'hui, mes convictions, mes références ou mes valeurs sont mon kit personnel de survie. Je dois le porter avec moi comme l'escargot sa maison. À l'instar des téléphones et des ordinateurs, devenus nos cerveaux annexes et nomades, les valeurs qui me tiennent debout le sont désormais aussi. Pas de port d'attache, pas d'ancrage. Quelquefois j'ai froid. Ce « pourquoi » affleure l'envie de se raccrocher à l'Antiquité comme filiation bien lointaine. Ne sommes-nous pas à la fois épicuriens et stoïciens, même sans le savoir ?

On ne lit pas assez Pierre Hadot, ce théologien qui nous a révélé la pertinence des philosophies gréco-romaines pour notre époque en voie de paganisme. Quelle dérision ! Après vingt siècles de « progrès », orchestré par le christianisme et relayé par les Lumières, on en revient aux Socrate, Sénèque et Marc Aurèle. Comme pour eux, il nous reste l'étonnement devant les merveilles de la nature et la prise en compte d'autrui pour assurer un peu de sécurité et de douceur à nos vies.

Qu'avons-nous donc fait pendant plus de deux mille ans ? De fabuleuses avancées techniques et une sortie bien entamée mais incomplète de la barbarie. Nous avons mis longtemps à nous débarrasser du péché, mais la culpabilité que chacun se fabrique spontanément a pris le relais. Or le péché avait un avantage pratique, on pouvait s'en libérer par l'absolution suivie de quelques chapelets ou pénitences. Pour la culpabilité, il existe bien les thérapies de parole, mais elles prennent plus de temps et coûtent beaucoup plus cher, avec des résultats inégaux.

En même temps que nous nous sommes affranchis de bien des illusions, nous avons perdu pas mal de consolations. C'est sûrement mieux d'être lucide, réaliste et donc sceptique, mais c'est quelquefois aride.

Depuis une cinquantaine d'années, je n'ai pas perdu mon temps. Ne me suis-je pas immunisé contre les religions castratrices, les escroqueries idéologiques, les respects désuets et les convenances factices ? Pourtant, comme tous mes contemporains, je me vois contraint de bricoler mon rapport avec les fins dernières. Je n'ai toujours pas trouvé sur Google de réponses aux fameuses questions existentielles. Le « nuage » du Web met certes à ma disposition des connaissances bien plus étendues que les philosophes, prélats ou souverains qui nous ont précédés, avec tous leurs conseillers et experts, n'en avaient. Mais, sur l'essentiel, je n'en sais pas plus qu'eux.

Pour autant, au XXI^e^ siècle comme dans les précédents, « il faut tenter de vivre », selon l'expression douce-amère de Paul Valéry. Le monde ne va pas s'arrêter, notre rythme d'adaptation est juste plus trépidant.

je viens de perdre tous mes proches dans une terrible catastrophe !
c'est horrible ! que s'est-il passé ?
Mon smartphone s'est crashé

# 7

# Racines portatives

Très jeune, je voulais partir loin. Un désir transmis par Émile, mon père, grand reporter entre les deux guerres mondiales pour le plus célèbre hebdo de l'époque, *L'Illustration*. Découvreurs du monde pour le raconter en revenant, les journalistes sont des colporteurs modernes. Lorsque je me suis marié à vingt ans avec Claude, celle-ci avait choisi comme premier job un poste subalterne à Air France, où les salariés bénéficiaient de billets à 10 % du tarif normal. Ainsi avons-nous pu connaître le Japon en 1960. Dans les rues, on ne voyait pas encore de Toyota… mais des 4CV Renault assemblées sur place. Puis le Brésil, où Brasilia n'était encore qu'un colossal chantier mené par l'immortel Oscar Niemeyer. Avec les nouveaux jets commerciaux, nous étions la première génération qui trouvait le monde à sa porte. Le besoin d'échapper à l'emprise de la seule culture française d'alors, mi-chrétienne, mi-marxiste, rationnelle et encore rurale, déjà trop traditionnelle à notre goût, nous propulsait joyeusement vers des horizons encore exotiques.

Bien plus tard, j'ai réalisé que ces racines, dont j'avais été pressé de vouloir me distancier, continuaient à jouer pour moi le rôle de la quille pour un bateau : invisible, mais indispensable à la direction de l'esquif et à sa stabilité. Antichavirage et antidérive : deux précieuses sauvegardes pour la navigation au long cours de la vie. Mon double voyage, autour de la planète et au fil du temps qui passe, m'a enrichi de nouvelles sensibilités, références, angles de vue, tolérances et saveurs culinaires. Pour autant, je n'ai pas été tenté de renier les valeurs dont m'avait imprégné mon enfance, elles ont juste été recouvertes et relativisées par d'autres expériences. Même si, trop partielles, elles limitaient mon champ de vision, elles me restent précieuses pour me souvenir d'où je viens et qui je suis.

Dans l'éducation que reçoivent mes petits-enfants, au XXIe siècle, les racines sont plus courtes, et changeantes. On allège les programmes d'une Histoire qui ne peut plus être seulement « de France ». Ainsi en cinquième : Clovis, Jeanne d'Arc et quelquefois Louis XIV passent à la trappe, au profit de l'étude de la naissance de l'islam, comme religion puis civilisation médiévale. Pourquoi pas, mais dans ce cas, quid du Japon, de la Chine et des Amérindiens ? Cet amenuisement de notre passé national va peut-être éviter de nourrir le chauvinisme. Mais pour former des citoyens du monde, il faudra leur apprendre bien davantage.

D'ailleurs, pour les plus jeunes, la préhistoire ne commence-t-elle pas désormais juste avant le XX^e^ siècle, c'est-à-dire avant les premières images filmées ? L'Histoire racontée dans les livres doit s'imaginer, c'est vrai, des mammouths à Napoléon. Tandis qu'avec l'avènement du cinéma on voit les lieux, les gens, on entend les discours. Aussi partiel et lacunaire que cela puisse être, nous en ferions une illusion de réalité. Nous pouvons avoir l'impression de côtoyer Hitler et de Gaulle, Einstein et Camus. Alors que Molière, Mozart, Washington ne vivent que dans notre imaginaire.

Les changements rapides des technologies de communication démodent tout plus vite. Les éducateurs constatent que leurs élèves renâclent à visionner des films en noir et blanc, passés à leurs yeux au rang d'objets de musée. Il aura fallu *The Artist* pour révéler à la plupart d'entre nous qu'il fut un temps où le cinéma ne parlait pas. Le muet s'apparente donc à la protohistoire, celle où allait apparaître l'écriture.

Pour parler de ce passé, à peine éloigné, on évoque encore nos « racines rurales ». Je me demande ce que cela peut dire aux moins de cinquante ans : que nos grands-parents étaient paysans ? Ou encore ce que pouvait être la vie de village, de bourgade, l'habitat où vivaient une majorité des Européens avant la Seconde Guerre mondiale ? On y naissait, on y travaillait, souvent s'y mariait puis on y était enterré. Les déplacements rendus faciles et abordables ont tout changé. En 1950, la distance moyenne journalière que parcourait un individu était de cinq kilomètres, aujourd'hui elle est de quarante-cinq.

Au siècle actuel, pour la première fois, plus de la moitié des habitants de la planète vivent en ville. Cette transhumance est le déracinement dont découlent souvent tous les autres. Ainsi le recul de la pratique religieuse est inscrit dès que l'on s'éloigne du lieu de culte de son enfance. De même le tissu social naturel, qui existe avec les voisins, se défait dès lors que l'on doit faire une heure de transport, matin et soir, pour aller à son travail. Religion et voisinage étaient la trame de la société rurale. Il faut s'inventer autre chose.

Dès l'apparition de la télévision, le monde s'est déversé dans le séjour de nos parents. La culture traditionnelle est vite passée au rang de folklore local. Il est légitime, indispensable et souvent passionnant de faire place aux nouveaux savoirs, dont la vie au XXI^e^ siècle impose la connaissance. Dans nos mémoires limitées, la culture du passé a dû s'effacer devant celle de l'actualité, du présent, l'assourdissante information.

Bien sûr, qui aurait envie de voir des jeunes gens confinés à ce qui constituait notre petit monde du milieu du XX^e^ siècle ? Pourtant, à examiner de près cette double transformation, plus en largeur et moins en profondeur, on pressent qu'elle prépare des individualités dotées de connaissances et d'options de vie foisonnantes mais sans ancrage ferme à quoi que ce soit. Nous avons tous été plus ou moins élevés « hors sol ». La modernité l'impose, tout en nous obligeant à nous assembler une histoire personnelle qui se différencie de celle de nos prédécesseurs, même proches.

Cette mutation s'est accomplie sous nos yeux, en même temps qu'à notre insu, accompagnée d'une forme d'émiettement familial et social : les émissions de télévision, regardées et souvent discutées en famille, ont cédé la place aux programmes choisis par chacun. Les enfants délaissent de plus en plus ce loisir parental. Ils lui préfèrent des jeux vidéo, ou enchaînent les heures sur leurs réseaux sociaux. Lesquels impliquent peu d'échanges verbaux.

Quant aux savoirs disponibles, leur diversité inouïe les voue à être plus butinés qu'ingérés. À l'évidence, il y a longtemps que l'inflation des connaissances a rendu impossible leur maîtrise par un seul individu. Il n'y aura plus de Pic de La Mirandole.

La notion d'« honnête homme », née entre le XVI^e et le XVII^e siècle, celui dont parlait Montaigne quand il disait qu'il est préférable d'avoir « la tête bien faite que bien pleine », appartient à un passé plus simple, plus limité. Il y a maintenant tant à savoir que le monde nous apparaît comme une immense brocante où nous chinons, attirés autant que déroutés. L'important et l'anecdotique y sont mis en équivalence. Chacun doit apprendre à trier, science empirique qui n'est guère enseignée.

Naguère, la culture reçue par tous ceux qui suivaient l'enseignement de la République nous rapprochait, mais nous y étions à l'étroit. Aujourd'hui, l'abondance des offres permet à chaque individu de se choisir des racines. Au risque qu'elles soient trop singulières pour maintenir suffisamment de passerelles avec ses semblables.

À contempler ce paysage contemporain déraciné, je ne crois pas qu'il y ait lieu de s'en désoler, sinon par réflexe conservateur. Qui peut assurer que la Bibliothèque rose préparait mieux à la vie que les mangas ? Le changement accéléré des valeurs et références implique aussi de modifier nos comparaisons habituelles entre l'ancien, pas si vieux, et le nouveau, un peu décoiffant.

L'ultime déracinement n'est-il pas de constater que nos bases d'appréciation et de jugement, elles-mêmes, sont en voie de péremption ? On comprend mieux ce que le sociologue Zygmunt Bauman, qui a traversé le siècle dernier, appelle la « société liquide ». À notre époque, on est passé du cheminement à la navigation. Le terrain lui-même est devenu fluide et mouvant, alors que nous étions habitués à ce qu'il soit ferme. On peut le regretter, mais ce serait manquer de curiosité à l'égard du reste de notre vie. Pour suivre le rythme, la nostalgie peut se révéler encombrante.

Votre C.V. nous intéresse et nous vous proposons
Un CDi option SG
ça veut dire quoi, option SG ?
Sans garantie

# 8

# Une société infidèle

La première fois que je suis allé au Club Med, dans les années 60, nous dormions dans des paillotes et les portes ne fermaient qu'avec un loquet en bois juste poussé. Pourquoi avoir des serrures et des clés dans une communauté où les gens vous ressemblent et n'auraient d'ailleurs pas eu l'idée d'apporter avec eux des objets précieux ? J'avais trouvé rafraîchissant ce retour au village primitif, le temps des vacances.

Dans la France rurale, on faisait plus facilement confiance parce que l'on connaissait tout le monde et ce, sur plusieurs générations. Mais quand on allait en ville, on s'attendait à de mauvaises surprises. On gardait sur soi ses pièces et billets, même pour dormir. Croiser des inconnus pauvres était dangereux. « Ne réponds jamais à un inconnu qui t'adresse la parole », me glissait ma mère, avant qu'à onze ans je prenne l'autobus 32 pour aller au collège.

Aujourd'hui, je m'étonne quelquefois que nous fassions si souvent confiance à des gens que nous ne connaissons pas. Notre civilisation, résolument urbaine, repose sur cette disposition propice. Il n'y a pas si longtemps, on ne se fiait qu'à ceux de sa famille, de sa tribu, de son ethnie. C'est encore vrai dans nombre de pays émergents. Le printemps arabe, en abattant ses tyrans, a souligné combien les allégeances féodales, clans, tribus, népotisme sévissaient encore à notre époque. C'est aussi la base de tout système mafieux.

Faire confiance à un inconnu constitue, alors, le progrès fondateur qui sert de socle à tous les autres. Sur ce plan, notre siècle a fait quelques avancées.

Mais pendant que le rapport à d'autres devient plus amiable, la défiance s'installe à l'égard de ce qui structure nos sociétés. Piètre considération pour ceux que nous avons élus, mise en cause de la justice, suspicion indignée envers la finance, scepticisme devant le contenu des médias et la publicité corrodent le tissu social. Pourquoi est-ce le cas, alors que dans nos pays développés les corruptions et abus de pouvoir existent, certes, mais bien moins qu'au cours des siècles antérieurs ? Le mensonge et la dissimulation, vieux comme l'humanité, ont fait dans le passé de plus grands ravages qu'aujourd'hui. Mais on ne le savait pas toujours. Or depuis le Watergate, il y a quarante ans, jusqu'à WikiLeaks aujourd'hui, tout peut être révélé très vite et partout en même temps. Chaque responsable se doit d'agir et de parler comme si le secret n'existait plus.

Depuis Mai 68 jusqu'au printemps arabe de 2011, les rois sont de plus en plus nus aux yeux de peuples qui osent de plus en plus le proclamer. En même temps, les écoles de journalistes que fréquentent maintenant de hauts diplômés ont formé de nouvelles générations d'enquêteurs, encore plus avertis. Enfin et surtout, la caisse de résonance des médias étale à chaque instant sur nos écrans les bévues ou les mensonges des puissants. Il est possible que leur nombre soit moins élevé qu'avant, mais lorsqu'elles sont grossies à l'extrême, répétées à l'envi et leurs auteurs cloués au pilori médiatique, de simples maladresses prennent des proportions ravageuses.

Depuis les premières imprécations de Ralph Nader, le Zorro des consommateurs américains, il y a cinquante ans, contre l'industrie automobile, jusqu'au scandale du Mediator, le monde du business inspire la méfiance. La fiabilité des produits est mise en doute, leurs possibles nocivités dénoncées quotidiennement. Par ailleurs, personne n'ignore plus qu'ils sont conçus pour une durée d'utilisation écourtée, afin d'obliger au rachat fréquent. Cette obsolescence programmée, nécessaire pour faire tourner les usines et assurer les emplois, n'en est pas moins un gâchis que notre planète n'a plus les moyens de nous offrir.

La crise mondiale, depuis bientôt cinq ans, a miné la crédibilité des financiers. Avec eux le banquier est devenu un Dark Vador soupçonné de rançonner aussi bien les plus modestes que les petits entrepreneurs, l'ubiquité mondiale des flux monétaires les mettant hors de portée des contrôles et des législations. Cette défiance rejaillit sur les gouvernements, qui se montrent incapables de cadrer la puissance des banques.

Quant aux médias, ils se décrédibilisent en tirant de chaque actualité quotidienne des conclusions souvent péremptoires qui, le lendemain, sont souvent démenties par d'autres faits. Pour maximiser leur audience ou le nombre de leurs « visiteurs uniques », ils martèlent quelques informations, les plus racoleuses, et en ignorent de bien plus conséquentes mais moins pittoresques.

Nous vivons donc désormais dans des sociétés où les citoyens sont plutôt ouverts à l'égard de leurs semblables, mais sans indulgence ni illusion quant à la valeur de leurs institutions comme des systèmes qui leur proposent leurs services. L'incrédulité est générale devant toute promesse ou programme dont on dénonce immédiatement la recherche d'effets médiatiques, de spéculation financière ou d'objectifs uniquement électoraux. La dernière campagne présidentielle l'a amplement souligné.

L'interprétation la plus radicale de cette gangrène de la confiance nous vient peut-être de notre meilleure Cassandre, Jacques Attali. Pour lui, il s'agit du stade extrême de notre individualisme, en progrès accéléré depuis quelques décennies.

Auparavant, nous étions reliés en communautés, Églises, nations, productrices de croyances partagées qui nous en faisaient accepter les disciplines nécessaires à la vie en société. Quelquefois, en cas de guerre, jusqu'au sacrifice. La plupart d'entre nous se sont détachés de ces liens ancestraux et nous avons été dotés de la conviction que la recherche de notre bonheur personnel dans ce monde est un droit prioritaire.

Nous utilisons donc tous les moyens disponibles pour nous y aider, n'accordant notre confiance qu'avec utilitarisme. Ce peut être aussi bien à l'entreprise qui nous emploie qu'au système médical qui nous soigne, voire au couple, tant qu'il nous offre la sécurité et les gratifications dont nous avons besoin. Autrement dit, nous ne pratiquons plus que des fidélités provisoires, conditionnées aux bénéfices que nous en tirons.

Si les entreprises ne nous proposent que des CDD pendant nos premières années au travail, pourquoi hésiterions-nous à les quitter dès que se présente une opportunité plus séduisante ? Si les politiciens nous donnent l'impression de ne pas se soucier de nous, remplaçons-les, quand notre vote le permet. Si, actionnaires, nous pouvons trouver un rendement financier optimisé, vendons et investissons ailleurs. Si nous nous lassons de notre compagne ou compagnon, quittons-les et trouvons-en d'autres grâce aux réseaux sociaux. Si un cadeau ne nous comble pas, vendons-le sans tarder sur eBay.

Jacques Attali donne à ces comportements, devenus une nouvelle norme, le nom de « société de la déloyauté ». Le mot me semble fort et non dénué de jugement moral. Je lui préférerais celui d'« infidélité », plus neutre, mais ces différences de dénomination se rapportent bien aux mêmes phénomènes. Si nous n'hésitons pas à exprimer nos défiances à l'égard de ce qui nous déçoit, nous sommes en général moins lucides sur nos fidélités intermittentes. Car, convaincus de notre droit à la liberté et même à un certain égocentrisme, nous oublions à quel point nous sommes devenus changeants et nomades. Selon Attali, nous vivons un moment de l'Histoire où personne ne peut plus vraiment compter sur personne.

Ce siècle de l'information exigeante est en train d'obliger les systèmes dont nous dépendons à devenir plus transparents, plus comptables de leurs actes ou produits. Les citoyens, les consommateurs se mobilisent pour l'obtenir. Le chantier est considérable, car la pression pour cette moralisation, avec les sanctions pour la faire respecter, ne se relâchera pas. Plus elles auront d'impact, plus la défiance, obstacle à tout progrès collectif, a des chances de s'atténuer.

Je suis désolée, j'ai été débordée ...
Pas eu le temps de répondre à ton mail
oh tu sais, aucune importance ...
je n'aurais pas eu le temps de lire ta réponse

# 9

# L'accélération accélère

C'est à l'orée du XXI^e siècle, le 25 juillet 2000, que la vitesse est morte. Le Concorde qui s'est écrasé sur un hôtel de Gonesse a médiatisé la fin de la courte passion des humains pour cette vitesse qu'ils n'avaient découverte que cent soixante-quinze ans auparavant. Depuis, tout semble ralentir ou stagner.

Les automobiles, entre radars, encombrements et économies d'énergie, se traînent en moyenne à la moitié de leurs performances théoriques. Les avions se savent condamnés à plafonner sous la vitesse du son. Les trains seuls peuvent encore raccourcir nos trajets. Moins par leur vitesse de pointe, qui n'excédera plus guère les trois cents kilomètres-heure, que grâce à la construction de nouvelles lignes aux tracés plus directs. Même les armateurs en viennent à réduire de 10 % la vitesse de leurs cargos, pour qu'ils consomment moins à trajets comparables.

Les toutes premières locomotives, au début du XIXe siècle, ne faisaient guère plus de quarante kilomètres à l'heure, mais la course aux records, terrestres, maritimes ou aériens, était lancée, pour presque deux siècles.

Aujourd'hui la vitesse peut encore faire vibrer des individus, mais elle n'est plus la passion collective qui anima le XXe siècle. Elle ne peut plus se mesurer qu'à l'absolu, indépassable dans cet univers : trois cent mille kilomètres à la seconde, la vitesse de la lumière. À ces ordres de grandeur, les humains ne sont plus dans la course, contrairement à leurs machines qui rivalisent entre elles, laissant leurs inventeurs à la traîne.

Comme les ordinateurs effectuent les achats-ventes en Bourse en millisecondes, une instruction passée de Londres pour Wall Street perd une fraction de seconde par rapport à un concurrent situé à Manhattan. Des traders en viennent à délocaliser une partie de leurs activités pour ne pas perdre cette course surréelle. Puisque les deux tiers des transactions financières sont désormais réalisées par les machines, la moindre nanoseconde n'est pas anecdotique.

Le plus perceptible se manifeste dans le quotidien de chacun de nous. À l'ère du numérique, tout ou presque se joue en direct, en instantané. La course à la vitesse n'a plus de sens puisque l'essentiel nous est accessible dans l'immédiat et sans bouger.

Si l'on peut commander presque tout ce dont on a besoin par le Web, voir ses interlocuteurs aux antipodes, échanger des dossiers, conclure des affaires d'un simple clic, pourquoi se déplacer ? Un fabricant de mobilier n'a-t-il pas récemment affirmé que les prochaines générations resteraient assises quatre heures de plus par jour ? On ne lit pas ça sans frémir. Notre avenir sera-t-il d'être cul-de-jatte ?

La course à la vitesse a trouvé son aboutissement : l'immobilité. À part l'accouplement, tout doit pouvoir se faire à distance et sans déplacement, même désormais les opérations chirurgicales les plus délicates. Pourtant, chacun peut constater que si la vitesse est morte, l'accélération n'en continue pas moins.

C'est la pression sur notre temps qui s'accroît. Nous nous plaignons d'être encore plus débordés par les tâches à accomplir, les informations à traiter, dans des délais de plus en plus exigeants. Les prouesses du numérique n'auraient-elles pas dû avoir pour bénéfice prioritaire de desserrer l'étau autour de notre temps de vie ? La désillusion est grande.

Cette accélération, façon XXI^e siècle, nous cerne sur plusieurs fronts, tous reliés aux grandes mutations technologiques en cours : notre stress intérieur, notre difficulté à suivre le rythme de nos machines, enfin les chaos possibles engendrés par les machines elles-mêmes.

Le stress est une vieille connaissance puisqu'il est né avec la civilisation industrielle. Le rapport humain-machine n'a jamais été facile. Mais aujourd'hui, les outils d'accélération ne sont plus seulement sur nos lieux de travail, ils sont chez nous, voire dans nos poches. Au XIX^e siècle, en sortant de l'usine, on y laissait les chaînes de montage, au XX^e, les ordinateurs restaient au bureau. Désormais on travaille jour et nuit, on n'est plus payé à l'heure, mais à la tâche. Le paroxysme est atteint lorsque l'encombrement numérique dépasse les capacités de traitement et de compréhension de nos cerveaux.

En pratique la vitesse n'est donc pas vraiment morte, elle s'est seulement dématérialisée, ce qui la rend encore plus difficile à maîtriser ou même seulement à suivre. Alors que la vitesse de nos bolides et de nos records avait une dimension ludique, même si elle pouvait nous coûter la vie, l'accélération contemporaine est le plus souvent ressentie comme l'emballement d'un manège duquel nous craignons de tomber.

Les conséquences psychologiques sont moins explorées que les changements économiques qui en résultent. Elles sont pourtant troublantes.

Pour Françoise Dastur, auteure de *Dire le temps*[1] : « Ces techniques nous permettent une forme d'ubiquité, nous sommes dans tous les temps et tous les espaces à la fois. Nous vivons dans un temps discontinu, haché. Nous ne connaissons plus de rythmes, il n'y a plus de temps qui permettent le recueillement de la pensée. » Déjà, les pertes de repères contemporaines nous coupaient de nos racines, de nos territoires. L'accélération actuelle peut aller jusqu'à nous éloigner de nous-mêmes, comme si, à force de courir après nos innovations technologiques, nous étions nous-mêmes en voie de tourner machines.

Le sociologue philosophe allemand Hartmut Rosa rappelle dans son dernier livre, *Aliénation et accélération*[2] : « Avant d'être aliénante, l'accélération est grisante... Nous ne croyons plus en une vie éternelle, du coup nous plaçons notre désir

1. Encre marine, 2002.
2. La Découverte, 2012.

d'éternité dans la multiplicité de nos expériences.» Nous n'avons pas fini de vivre les conséquences du «désenchantement du monde» constaté par Max Weber, l'une d'entre elles n'est-elle pas de chercher la consolation de la perte du Ciel dans l'exacerbation des performances modernes, qui nous donnent l'illusion d'être des demi-dieux ?

Mais l'accélération ne concerne pas que les techniques. Les modes de vie eux-mêmes y sont soumis. «Dans la modernité tardive, note Hartmut Rosa, divorces, remariages, cycles de vie familiaux durent moins longtemps que la vie d'un individu. Dans le monde du travail, les métiers changent à un rythme plus élevé que les générations : onze fois dans la vie d'un Américain ayant suivi des études supérieures… Les jeunes savent que le monde change plusieurs fois au cours d'une même vie.» Rosa en conclut que nous souffrons d'une véritable «famine du temps». Le nombre des options, des objets à utiliser, des personnes à rencontrer explosant, nous sommes contraints de consacrer de moins en moins de temps à chacun.

Qui ne connaît cette culpabilité latente de fin d'après-midi, au moment où l'on constate tout ce que l'on a laissé inachevé sur notre liste des choses à faire ? Notre endettement temporel semble voué à s'accroître, surtout depuis que les limites entre activités privées et tâches professionnelles sont devenues plus floues.

Le conflit s'est forcément intensifié entre l'invariabilité du temps disponible dans chaque journée et nos tentations ou nécessités d'y faire place à un nombre toujours croissant d'actions différentes.

Le temps que l'on pourrait consacrer à soi-même en est la première victime. Toutes nos économies de temps, à supposer que nous parvenions à nous en constituer, nous les dilapidons dans l'action, le suivi de ce qui doit se faire. Toujours le « faire ».

En 1929, l'écrivaine anglaise Virginia Woolf publiait *Une chambre à soi* où elle décrivait les obstacles que devait, à l'époque, surmonter une femme pour écrire : interdiction pour elle de voyager seule pour s'ouvrir l'esprit, de s'installer à la terrasse d'un restaurant pour prendre le temps de réfléchir, de s'asseoir dans l'herbe à la recherche d'une idée ou encore d'accéder à la bibliothèque de l'université. Elle déplorait les contraintes liées au mariage, à la charge des enfants et du ménage, qui ne laisseraient plus de temps personnel aux femmes. Aujourd'hui elle aurait peut-être écrit « Un temps pour soi », le grand délaissé de l'accélération que nous sommes en train de subir.

L'honnêteté amène toutefois à vérifier les statistiques d'emploi du temps. Nous passons, désormais, en moyenne trois heures par jour devant un écran de télévision ou d'Internet à usage personnel. Chez les plus jeunes, le total peut atteindre quatre heures et demie car Internet a davantage envahi leur mode de vie. N'est-ce pas du temps pour soi ? C'est un loisir choisi, un délassement après la tension de la journée, même si ça n'est pas une plongée vers nos propres ressources, vers notre vie intérieure.

Nous disposons en fait de plus de temps que nous n'en avons conscience. C'est nous qui choisissons de le consacrer, par exemple, à regarder un écran. Rien de répréhensible à ça, mais ne finissons-nous pas par oublier qu'en fait nous pourrions préférer lire, nous promener ou méditer ? Au XXIe siècle, nous avons plus de marges dans nos horaires que nous ne nous l'avouons. Mais tant que nous restons fascinés par l'offre sans cesse renouvelée de distractions, ludiques ou sérieuses, nous aurons le sentiment de ne pas nous appartenir. Dans ce domaine, comme dans tant d'autres, cette époque nous offre plus de libertés que nous n'en avons conscience. À nous de choisir d'en profiter avec discernement.

Une étude (Sciforma/Zebaz) de 2012 réalisée auprès de huit mille deux cents salariés montre que 89 % d'entre eux disent travailler dans l'urgence (pression des clients, des outils numériques), mais estiment que seulement un quart de leurs tâches relèvent d'une vraie urgence. Encore faut-il convaincre ceux dont les exigences nous assaillent.

Ce siècle verra naître des mouvements de révolte contre l'urgence. Demain, les indignés du temps.

450 amis facebook
Alertés, plus de 200 m'ont souhaité un bon anniversaire
Énorme!
Happy birthday to me, happy birthday to meeee...

## 10

## Seuls mais jamais seuls

Je m'étais bien amusé en regardant *Denise au téléphone*, une petite comédie new-yorkaise sortie en 1995. Ce film racontait la vie d'un groupe d'amis qui, pour diverses raisons, n'arrivaient à communiquer entre eux que par téléphone. À la fin, probablement par l'opération du Saint-Esprit, un couple arrivait quand même à faire un enfant. Le trait était un peu forcé, bien sûr, mais pas tant que ça. De nos jours, les amants passent plus de temps au téléphone qu'au lit.

Or le scénario se situait juste avant le déferlement numérique. Ni Facebook ni même les mails ou téléphones portables n'avaient encore envahi la planète. On peut imaginer un scénario de cette veine avec les moyens de communication décuplés d'aujourd'hui. Les protagonistes auraient davantage l'impression d'être « en contact », ce qui ne serait pourtant toujours pas le cas : cette virtualisation des rapports est maintenant industrialisée. Certes, on ne fait pas plus aujourd'hui un enfant par e-mail qu'en 1995 par téléphone, mais qui sait ?

Ce siècle voit s'accomplir une profonde transformation des modes relationnels choisis. Du moins en apparence. Comme vous peut-être, je reçois souvent des demandes d'« amitié » façon réseau social : « Claire M., 256 amis, 18 photos, 30 publications sur le mur, 14 groupes, vous invite à rejoindre sa liste d'amis. » Ce qui me semble dépourvu de la psychologie la plus basique. Comment pourrais-je avoir envie de devenir le 257^e ? Si Claire m'avait écrit pour me dire : « Je n'ai que 4 amis et je rêverais que vous deveniez le 5^e », j'aurais peut-être risqué un clic pour en savoir davantage.

En matière de rapports humains, on est passé, comme dans bien d'autres domaines, du qualitatif au quantitatif. À l'instar de la plupart des valeurs contemporaines, l'amitié et l'amour sont en pleine redéfinition. Pour caractériser ce dernier, un jeune philosophe, Yann Dall'Aglio, emploie un terme imagé, l'« amour chauve », c'est-à-dire sans illusions sur sa durée, sur sa profondeur et avec « un minimum de distance ironique ». Le réalisme implique de savoir évaluer les satisfactions que l'on peut en attendre et pas davantage. Pour lui, « le couple est devenu une petite entreprise qui doit produire en permanence de la jouissance et de la satisfaction narcissique. La "précarité" des couples correspond donc à l'extension du marché économique au domaine des sentiments [1]. »

Quant à définir l'amitié, ça n'a jamais été facile, tant le même mot recouvre des intensités variées et variables. Difficile d'utiliser un même vocable pour Montaigne-La Boétie et pour Copains d'avant. La fatalité de notre siècle semble être de s'en tenir au mesurable, à l'arithmétique. Si le sentiment reste, on l'espère, indéfinissable, les chiffres, au moins, sont indiscutables. Reste à savoir ce qu'ils mesurent exactement. Les sociologues, qui aiment catégoriser, évoquent l'expression inventée par l'un d'entre eux, Marc Granovetter, de « liens faibles » pour décrire les nouveaux modes relationnels du siècle. On peut lister tout ce qui effectivement affaiblit nos rapports aux autres. Nos vies ne sont-elles pas trépidantes, souvent nomades et de plus en plus fractionnées professionnellement ?

---

1. *Clés*, avril-mai 2012.

On aurait pu imaginer que l'extrême densification des humains dans des espaces restreints, due à l'urbanisation généralisée, nous aurait rapprochés. Or nous pouvons croiser nos voisins pendant des années sans échanger avec eux plus qu'un machinal « Bonne journée ! » en sortant de l'ascenseur. Car chacun part de son côté le matin pour aller travailler et rentre le soir pressé de s'installer devant un écran. Certains ont institué des journées des voisins pour recréer du lien. Sympa mais peu répandu.

Quant au bureau, où l'on a besoin de travailler avec d'autres, l'échange ininterrompu de courriers électroniques nous rive à nos chaises. Plutôt que d'aller parler au collègue à deux tables de la nôtre, on lui écrit et lui transmet par mail des dossiers dématérialisés, comme s'il était à New York. Même chez les plus jeunes, qui aiment se retrouver en bandes, le temps de la rencontre est rongé par celui de la communication virtuelle. Une étude de 2011 publiée au Danemark montre que les onze-quinze ans passent deux fois moins de temps avec leurs copains qu'en 1988. Ils préfèrent les jeux, les vidéos et les chats sur les réseaux.

Si l'on met de côté l'intérêt économique, de quoi se nourrit un lien à l'autre ? D'un minimum de sympathie qui donne envie de poursuivre une relation. De stabilité, qui offre l'occasion de se revoir suffisamment. De disponibilité, surtout, qui permet d'y consacrer un minimum de temps. Combien de fois n'avons-nous pas éprouvé une fugace complicité, au hasard d'une rencontre, suivie d'une promesse de se revoir, de rester en contact ? Mais cette dernière demeure sans suite, faute de stabilité (on doit repartir ou l'on change de travail) et surtout de temps. Car souvent ce que l'on a gagné en horaires de travail réduits est absorbé par des temps de transport, sans compter les obligations ordinaires de famille.

Pas étonnant que l'on se replie sur cette dernière, si l'on en croit du moins les enquêtes d'opinion qui placent invariablement la famille de loin en tête des sources de satisfaction de nos contemporains, devant l'amitié et même l'amour. Mais il faut y regarder de plus près. De ce fait, la force du lien varie selon qu'il s'agit de la famille dont on fait partie ou de celle que l'on a fondée. Avec la première, les liens souffrent aussi d'affaiblissement, par dispersion géographique, différences de sensibilité générationnelles, et manque de temps, là encore, pour se voir régulièrement. Restent toutefois quelques rituels familiaux auxquels on participe volontiers. S'ils sauvegardent les traditions, ils ne garantissent pas l'intensité des rapports. Les parents se plaignent davantage de ne pas assez voir leurs enfants que de trop les avoir sur le dos.

La famille née de son propre couple est elle riche de joies (du moins l'espère-t-on, dans les débuts) comme de contraintes matérielles, pratiques et temporelles. On en attend des gratifications, mais au prix, durant les vingt ans d'élevage des enfants, d'un rationnement du temps pour les autres modes relationnels. Et comme plus de la moitié des couples, mariés ou non, se séparent un jour, les rapports familiaux se distendent ou se trouvent concurrencés par ceux des familles recomposées. Lesquelles multiplient les liens faibles au détriment des forts. Désormais, 50 % des solitudes naissent de ruptures familiales.

Mais le grand transformateur de la relation à l'autre est technique, ou plutôt électronique. Ce qui se traduit en immédiateté, ubiquité et virtualité. Notre relationnel ne prend plus racine en quelque lieu, il est saupoudré sur la planète. Chacun peut fantasmer entretenir un réseau mondial, avec de quasi-inconnus qu'il n'est ni indispensable ni temporellement possible de rencontrer. Ne serait-ce que parce qu'on sort moins de chez soi. Contacts en réseau et loisirs à domicile explosent, pendant que le shopping sur Internet installe, de manière irréversible, la commodité de pouvoir faire ses achats de son salon, y compris pour se nourrir. Le stress urbain aidant, on hésite à ressortir après le travail lorsqu'on n'y est pas obligé. Au moins pouvons-nous nous composer des soirées personnalisées en communiquant avec nos semblables, par écrans interposés, plutôt qu'en s'affaissant devant une télévision de moins en moins dominante. La vidéo relationnelle en direct, qui se généralise, fait que je peux enfin voir Denise et plus seulement la joindre au téléphone. Elle est là devant moi, je lui parle, je lui souris, mais elle n'est toujours pas dans mes bras.

Cet âge du lien faible a créé un mode relationnel ambigu, entre être ensemble et être seul. Statistiquement, on est plus solitaire aujourd'hui que jamais. À Paris, 40 % des foyers sont constitués d'une seule personne, à Stockholm le taux dépasse 60 %.

Mais se dit-on pour autant seul dans la vie ? Rarement, du fait de ces liens faibles mais nombreux qui peuvent atténuer la sensation d'isolement. Avec notre panoplie de contacts, nos moyens de joindre des centaines de personnes d'un seul message, nous pouvons être à la fois seuls et jamais seuls. De la solitude, il en est comme pour la température : il y a la mesurable et la ressentie. Laquelle varie selon les périodes, les saisons et les dispositions intérieures.

De même, elle change de nature, selon qu'elle est subie ou choisie. Ainsi le décrivait Jacqueline

Kelen dans *L'Esprit de solitude*[1] : « La solitude est un défi, qui demande vaillance, ardeur et courage. Elle n'a rien à voir avec l'isolement. Être solitaire, c'est être ouvert à tout ce qui peut arriver, mais en défendant son intériorité et sa liberté. Celui qui vit souvent seul apprécie d'autant mieux la diversité des individus qu'il rencontre. » D'ailleurs, de nos jours, une vie normale devient une alternance de périodes de partage et d'autres de solitude, quelquefois dans la même semaine. Là encore, chacun se retrouve à la fois libre et contraint de vivre ses relations au gré des circonstances.

À l'ère des liens faibles, famille, amitié et couple sont en pleine redéfinition, sans norme et sans règle. Chacun doit improviser, se frayer un chemin relationnel personnel. Il y a des moments où ça déroute un peu, car nous n'y avons pas été préparés dans notre enfance. Malgré tout, c'est passionnant de devoir inventer, en les vivant, ses modes relationnels sur mesure.

Les schémas d'amitiés indéfectibles et de couples pérennes ne sont plus la norme, mais l'heureuse exception. Pour être heureux donc au milieu de liens faibles, et on peut l'être, il faut en priorité se renforcer soi-même, être plus solide et plus adaptable. Dans ce domaine comme dans

1. Albin Michel, 2005.

bien d'autres, ne pas considérer ces nouveaux modes de rapports comme une dégradation est salutaire. Peut-être que les amitiés exclusives et les couples uniques n'étaient que les produits de sociétés plus étriquées et moins riches d'opportunités.

EH! il nous arrive un dossier super-important !
Seulement super-important ?
Alors place-le sous la pile des dossiers super-urgents

## 11

## Le présent impatient

Conversation entre deux journalistes devant un buffet :

– C'était la semaine de Ben Laden ?

– Non, celle de Fukushima.

Au début de 2011, l'information, reine tyrannique de l'opinion, nous donnait le tournis. Entre les printemps arabes, le tsunami nucléaire et les cours accélérés sur le fonctionnement de la justice new-yorkaise, on ne cessait d'apprendre, en direct, trop sur tout. En fait, pas vraiment sur tout, car emportés par l'habitude, tous les médias fonçaient ensemble dans la même direction. Ce qui se passait d'autre, en même temps ou ailleurs dans le monde, restait relégué à fond de cale.

Avant, on était moins informé, moins tenu de savoir, de répondre tout de suite. Certes, le téléphone avait, dès l'entre-deux-guerres, révolutionné les communications avec les clients ou les fournisseurs. Mais pour concrétiser une transaction par écrit, il fallait attendre l'aller-retour par la poste, qu'aujourd'hui on appelle par dérision *snail mail*, le « courrier escargot ».

Dans la seconde moitié du XXe siècle, qui a vu l'arrivée des machines de bureau performantes, on pensait qu'avec les ordinateurs pour écrire et le fax pour transmettre, on avait déjà changé de monde. Depuis, les communications numériques ont quasiment supprimé les délais. Aussitôt pensé, aussitôt rédigé ou parlé, aussitôt reçu, aussitôt tenu de réagir. Ce n'est qu'après que nous avons compris qu'en abolissant le temps de transmission, nous avions parallèlement amputé celui de la réflexion et de la décantation.

Détail aggravant, chaque individu accable sans réfléchir quiconque de messages et met en copie d'autres, qui n'en demandaient pas tant. En matière de communication, ce qui n'était qu'une averse sporadique est devenu une mousson permanente. Comme pour tout ce qui est exagéré, l'efficacité se dilue d'autant. Une fois de plus, nous avions cru pouvoir esquiver le temps, une fois de plus il nous a feintés.

Contemporains du XXIe siècle, nous vivons enchaînés au présent, devenu si dense que, comme les trous noirs de l'univers, il absorbe toute l'énergie et la lucidité disponibles. En même temps, chouchoutés par les technologies et la mégamachine à pousser à la consommation de tout, nous sommes devenus impatients comme des enfants gâtés.

Car avec les nouvelles formes de communication, l'époque a multiplié les produits à acheter, les films à voir, les voyages à faire, les opportunités à saisir, les questions à traiter. Le supplice de Tantale moderne naît de cette surabondance de sollicitations sans aucun temps supplémentaire à y consacrer. Alors, nous avons cru ruser en essayant de faire tenir plus de choses dans une même journée, semaine ou année. Nous avons espéré qu'en accélérant nos rythmes, nous y parviendrions. Nous nous sommes traités nous-mêmes comme des ouvriers sur une chaîne de montage que l'on pousse à aller un peu plus vite chaque jour, à augmenter leur rendement. Si un patron voulait nous l'imposer, nous ferions grève, mais nous sommes désormais nos propres exploiteurs.

Le temps que nous pouvions consacrer à chaque activité ou loisir s'est réduit, pour faire la place à d'autres, d'où un stress grandissant et, pire encore, de moins en moins de recul pour prévoir, comprendre, peser les conséquences de ce que nous entreprenons.

Ce syndrome porte un nom, le « court-termisme », épidémique dans ce nouveau siècle. Notre aptitude à anticiper s'en trouve amputée, comme si personne n'avait plus le temps de penser l'avenir, que ce soit en politique, finance, ou environnement. Quant aux relations entre individus, mitées par la difficulté de leur consacrer un temps suffisant, nous avons choisi d'en multiplier le nombre au détriment de l'intensité.

L'enquête que j'ai consacrée pour *Trop vite !* [1] à ce court-termisme galopant m'a alarmé moi-même, quand j'ai constaté que même ceux qui sont en charge de mener les nations ou les systèmes économiques mondiaux n'étaient plus en mesure de mettre en œuvre une vision de long terme. Le nez sur l'urgence du jour, l'anticipation est devenue, même pour eux, un luxe inaccessible alors que la complexité des problèmes mondiaux, ne serait-ce qu'écologiques et financiers, s'est accrue de façon exponentielle. Les politiques s'évertuent à s'acheter une semaine ou trois mois de répit, avec comme horizon permanent les prochaines élections.

Ainsi fonctionne le monde actuel de l'information : jamais il n'y a eu autant de médias disponibles, du papier aux tweets, sur toutes les tailles

1. Albin Michel, 2010.

d'écrans, de poche, de bureau ou de salon. Et jamais ils n'ont autant donné les mêmes informations en même temps. Chaque nouvelle dans une même journée nous est serinée des dizaines de fois. Quel sens peut produire ce formidable dispositif technologique, voué à un bégaiement inlassable ?

Notre présent ainsi envahi nous plonge dans un état endémique, le « présentéisme », selon l'expression de l'historien Jean Chesneaux. Pour lui, « le présentéisme rampant favorise le primat de la rentabilité à court terme, l'éphémère et l'instantanéité, alors que s'atrophie le sens des perspectives et des durées ».

Cet encombrement du présent a des conséquences physiquement mesurables en même temps que psychologiques. Un détail symbolique des premières, un embouteillage de cent kilomètres sur les autoroutes de Pékin, cité par Gilles Finchelstein, qui a mis dix jours à se résorber. Ceux qui ont visité Pékin il y a trente ans ne voyaient dans les rues que des hordes de vélos.

Nous constatons dans notre propre fonctionnement des déficits croissants de concentration qui nous rendent presque difficile d'assimiler un message de plus de deux paragraphes et nous font repousser à plus tard une tâche impliquant un effort préalable d'analyse, à tête reposée. Je n'exagère hélas pas.

Notre impatience accrue se renforce à des sources bien différentes. De luxueuses habitudes, à cet égard, nous sont données par les moteurs de recherche qui nous présentent, sur tous les sujets, plus d'un million de réponses en 0,60 seconde. Aussi, conscients que même quelques minutes de ce présent engorgé représentent un véritable investissement de temps, nous supportons de plus en plus mal de les voir se consumer en attente imprévue.

L'offre technologique facilite aussi notre accès au passé immédiat qui, de ce fait, entre en compétition avec notre présent. Avant, si nous avions, par exemple, raté une émission de télévision qui nous aurait plu, tant pis, nous passions à la suite. Maintenant que la *catch-up TV*, ou « télévision de rattrapage », nous permet de la retrouver le lendemain, que faire ? Prendre une heure d'aujourd'hui au profit d'hier, ou l'oublier avec regret devant tout ce que le « maintenant » nous offre d'autre ? Notre présent continue donc à s'alourdir.

Pourtant il n'y a, en soi, rien de mal à vivre au présent. Les sagesses asiatiques considèrent depuis des millénaires que seul existe l'instant, celui dont nous sommes conscients maintenant. Passer à côté de ce maintenant par distraction ou surcharge, c'est ne pas l'avoir pleinement vécu. Ce qui nous stresse aujourd'hui, c'est que, du fait de cette surcharge, nous ne jouissons pas vraiment de chaque instant.

Retrouver, par bribes, un présent sans impatience n'est pourtant pas inaccessible. Chaque époque a sécrété ses poisons, mais aussi ses antidotes. Nous en avons plus à notre disposition que nous ne le pensons. Ils relèvent de stratégies personnelles, mentales ou physiques qui nous aident à reprendre de la distance par rapport à l'abondance des faits. Cet apprentissage, que nous aborderons en conclusion, devient indispensable à l'orée de notre siècle.

Pire que le manque :
la satiété
qui est le manque de manque

# 12

# Vers l'abondance frugale

J'ai eu la chance de naître avant la consommation. Plusieurs années après la guerre, les rationnements restaient en vigueur, car la machine industrielle ne s'était pas encore remise en route. On ne parlait pas encore de « génération Y », mais des « J3 », la catégorie de tickets attribuée aux adolescents. D'avoir vécu ces années-là m'a permis de mieux comprendre l'éblouissement, devant les étalages de l'Ouest, des premiers Berlinois de l'Est franchissant en 1989 le Mur enfin détruit.

Très vite, dans la seconde moitié du XX^e^ siècle, la consommation est passée d'une simple nécessité à un comportement, une culture, bientôt une compulsion. Ne constate-t-on pas, selon le CREDOC, qu'entre le quart et la moitié des achats ne sont pas prévus avant l'entrée dans le magasin ?

C'est entendu, le trop, l'abondance, la pléthore et tous les problèmes qui en découlent ne concernent que ceux qui en ont les moyens. N'oublions pas les autres, qui en rêvent sans pouvoir y accéder. Mais aujourd'hui, c'est la grande majorité des citoyens de nos pays surdéveloppés qui ressent une certaine perplexité devant cinquante variantes de yaourts ou trente chaînes de télé. Cette civilisation de la consommation restera la marque du dernier siècle.

Née des besoins bien naturels de confort, d'équipement, d'accès aux loisirs, elle en a vite débordé le cadre, mue par d'autres logiques. Celle de la concurrence entre fournisseurs et industriels, qui se pressent pour accroître leurs parts de marché. Celle aussi de la production, pour faire tourner les usines ou les équipements à amortir. Ce pour quoi il devient impératif de faire passer le client des besoins aux désirs, en s'appuyant sur les techniques de marketing, de publicité, et de plus en plus sur l'obsolescence programmée des produits. Logique sociale, enfin, acharnée à préserver des emplois qui dépendent au premier chef d'une consommation croissante, ou au moins maintenue. La combinaison de ces trois logiques justifiant, politiquement et financièrement, d'aplanir tout obstacle à la sacro-sainte consommation. Pour ébranler ces bastides, les écologistes ont encore du chemin à faire.

Pendant les fameuses Trente Glorieuses où l'Europe se couvrait d'hypermarchés et de concessions automobiles, on ne songeait pas encore à l'épuisement des ressources qui pouvait en résulter. Quelques précurseurs comme Aurelio Peccei et son Club de Rome, né symboliquement un mois avant Mai 68, inventaient alors la notion de « développement durable », expression restée étrange jusqu'à tout récemment. Mais qui les écoutait ?

Au XXIe siècle, si la consommation demeure un facteur économique déterminant, elle n'est plus aussi gratifiante pour les nouvelles générations, qui en comprennent mieux les limites et les pièges. La crise des cinq dernières années a déjà accru dans nos pays le nombre de ceux qui, devant tout achat, se posent plus systématiquement une question simple : « En ai-je vraiment besoin ? » Elle s'ajoute au : « En ai-je les moyens ? » dont la contrainte s'est renforcée devant l'actuelle atmosphère de crise et la peur du chômage.

La seule consommation encore boulimique est celle, toute récente, des biens de communication et de leurs usages. Steve Jobs a su devenir à ce siècle ce qu'Henry Ford fut au précédent, l'homme qui a à la fois compris les nouvelles envies de ses contemporains et conçu les produits pour les satisfaire. Jamais un objet d'usage ne s'était propagé aussi vite que le téléphone portable. En France, il y en a désormais 1,4 par habitant. Dans le monde, on en vend un milliard et demi de plus chaque année. Lorsqu'on atteint de tels chiffres, il s'agit bien d'un besoin fondamental, même s'il était ignoré jusqu'à ces dernières années par les intéressés eux-mêmes. Souvenons-nous que lorsque les portables sont apparus, il n'y a pas vingt ans, on les voyait comme un gadget astucieux, qui pourrait être utile en voyage. Les visionnaires ne courent pas les rues.

Tout ce qui touche à Internet et aux services numériques devient le principal moteur des croissances actuelles. Très vite, une offre pléthorique de produits, forfaits d'opérateurs, applications, nouvelles chaînes nous assaille et nous déborde. On se retrouve à cet égard dans la même perplexité qu'en face des rayonnages de céréales ou du foisonnement des modèles de voitures : l'angoisse de l'hyperchoix.

Choisir est devenu un exercice difficile. Des milliers d'appareils électroménagers, de marques de vêtements ou de sites Internet à explorer, mais aussi de filières professionnelles, de formules d'assurance ou, simplement, de livres à lire sont accessibles partout et à tout instant. Du trivial au décisif, il faut choisir, chaque jour choisir.

« Dans notre époque dérégulée, individualiste, où l'on se voit de moins en moins dicter sa conduite par sa famille ou par son village, c'est l'intégralité de la vie qui est entrée dans le règne de l'hyperchoix », constate le philosophe Gilles Lipovetsky. Cette liberté de l'abondance est captivante, jusqu'à ce qu'elle devienne, elle aussi, contraignante.

Notre disponibilité est la première à faire les frais de cette tension. « Devant votre télé et vos cinquante chaînes, vous passez votre temps à zapper, poursuit Gilles Lipovetsky. Vous n'arrivez plus à vous concentrer et pour finir, vous ne regardez plus jamais le moindre film en entier, de peur de rater quelque chose d'intéressant ailleurs ! » La simple sélection d'un nouvel appareil photo, parmi deux cents modèles, peut manger un après-midi.

Il y a quelques années, Sheena Iyengar, une chercheuse de l'université de Columbia, auteure de *The Art of Choosing*[1], s'est livrée à une amusante expérience : dans une épicerie, elle a installé un étal avec six sortes de pots de confiture. Résultat : peu d'affluence, mais environ 30 %

1. Twelve, 2010.

des personnes ayant visité le stand lui ont acheté un pot. Le lendemain, Sheena s'est installée au même endroit, disposant cette fois-ci un choix de vingt-quatre pots de confiture aux parfums différents. Les clients se sont pressés sur le stand, attirés par cet étonnant choix de saveurs. Mais, surprise, seuls 3 % ont décidé d'acheter une confiture.

Il existerait une explication biologique. Selon Étienne Koechlin, directeur d'un laboratoire de neurosciences cognitives à l'École normale supérieure : « Nous savons sans problème gérer simultanément plusieurs tâches parfaitement maîtrisées, comme se lever le matin ou se brosser les dents. Mais notre cerveau est mal à l'aise avec les choix multiples comportant de nombreuses alternatives. Chacun est capable d'examiner jusqu'à trois ou quatre choix en parallèle, pas plus, et quoi qu'il arrive, le cerveau procède par élimination progressive des options, jusqu'à revenir à un choix binaire. »

Ce peut être une des raisons qui poussent certains consommateurs à s'inventer des contraintes nouvelles. Adeptes de la décroissance et du recyclage, ils achètent le moins possible ou, fervents « locavores », ils s'attachent à ne consommer que des aliments de saison produits dans un périmètre de quelques dizaines de kilomètres.

« C'est une manière comme une autre, observe Barry Schwartz, de restreindre ses possibilités de choix [1]. » On décide pour des raisons éthiques de ne manger que de la nourriture produite localement, mais surtout on reste dans le confort douillet d'un univers redevenu gérable avec en prime la satisfaction d'avoir bien agi.

En réaction aux excès de la consommation, une nouvelle frugalité se fait jour. Elle combine une idéologie vaguement solidaire aux démunis, un souci pour la planète et une hygiène de vie personnelle. L'« abondance frugale » qui apparaît, selon l'oxymore lancé par Jean-Baptiste de Foucauld, ancien commissaire au Plan, n'a rien à voir avec un dénuement choisi, à la Gandhi. C'est une stratégie pour alléger sa vie. Il existe même des coachs en désencombrement, qui vous apprennent à vider intelligemment vos armoires. Un internaute américain, David Bruno, a lancé le défi de pouvoir vivre avec cent objets seulement. Certains l'ont relevé et prétendent être descendus à cinquante. Mais il reste plus facile de se laver les dents dans un verre à pied que les pieds dans un verre à dents…

---

1. *Le Paradoxe du choix*, Michel Lafon, 2006.

La considération économique reste première. Elle explique l'explosion inventive du low cost, qui rend l'essentiel du service demandé à une compagnie aérienne ou à une automobile à un prix drastiquement réduit. Une marque japonaise symbolise au mieux cette tendance, Muji, qui fait du simple pas cher, d'un design élégant et dépouillé et d'une utilisation minutieusement étudiée. Dans le même esprit, la location ou l'échange de services n'enlèvent rien à nos conforts, mais remettent la possession à sa place, secondaire. Le Vélib', c'est de l'abondance frugale en service public. Ces consommateurs frugaux adoptent, sans peut-être le savoir, l'attitude des aristocrates britanniques qui faisaient porter leurs chaussures neuves par leurs *butlers* et ne les portaient à leur tour que lorsqu'elles avaient un look de « chic fatigué ».

Enfin, en réaction au fameux bling-bling tant brocardé, on parle de « luxèse », contraction de « luxe » et « ascèse », qui met le temps, le silence et l'objet d'exception au même rang. On se simplifie la vie pour mieux en goûter les moments de vraie jouissance. Peut-être ces nouvelles frugalités passeront-elles bientôt pour un raffinement élitiste. Mais toute démarche pour retrouver des points d'équilibre dans nos vies affolées ne mérite-t-elle pas une visite ?

Plutôt que de chater avec ta mère...
télécharge-la donc à dîner

# 13

# Le virtuel, notre nouveau réel

J'ai de plus en plus l'impression de n'avoir qu'une seule fenêtre ouverte sur le vaste monde. Elle a la forme rectangulaire de mon écran d'ordinateur. Par lui transitent ma correspondance personnelle, mon information, mes références, mes documents de travail et mes prévisions météo. Par lui je vois mes enfants à l'autre bout de la Terre. Par lui ma musique, mes divertissements, mes archives, voire mon journal intime. De plus en plus, il me sert aussi de vitrine de produits pour choisir, pour acheter. Plus que tout, il me rend savant, il pallie les vastes lacunes de ma culture, il me sécurise, il vérifie mon orthographe, il va traduire, de mieux en mieux, dans toutes les langues mes messages écrits ou verbaux. Bref, je suis devenu un citoyen ordinaire de ce siècle. Ordinaire, rien de tout cela ne l'était il y a quinze ans.

Comment ai-je pu vivre une grande moitié du XX^e^ siècle sans cette fenêtre magique ? « Oui, comment vivait-on avant ? » me demandent mes petits-enfants, moins impressionnés que moi par les innombrables services concentrés dans cette plaque de matériaux composites.

Mais quand le réseau tombe en panne ou que je traverse un désert électronique, je ne suis plus que la moitié de moi-même. C'est bien là le problème. Comme la dépendance s'est installée vite ! L'homme bionique, celui qui s'offre des fonctions accrues grâce à d'étonnantes prothèses, existe déjà. Je commence à lui ressembler.

Dans les westerns, le cow-boy tâtait furtivement sa hanche pour s'assurer de la présence de son revolver. Moi, je vérifie si mon portable est bien dans ma poche gauche. Si celle-ci est vide, angoisse ! Où donc l'ai-je laissé ?

Pour autant, ma fenêtre universelle ne laisse pas passer les rayons du soleil, l'odeur des sous-bois, le contact d'une peau, l'énergie d'une présence, ni la moindre saveur. Certes, je fais de mon mieux pour les trouver ailleurs, dans le reste de mon existence. Mais entre les nécessaires heures de sommeil et celles dédiées à cet écran captivant, il en reste moins pour la vraie vie.

Mais c'est quoi, cette « vraie vie » invoquée dans toute discussion à propos du Web et des avatars qu'on y croise ? Un cow-boy justement n'aurait-il pas répondu que passer ses journées sur une chaise dans une pièce fermée en agitant ses doigts sur un clavier ou en parlant dans un morceau de plastique n'est pas, pour un homme des grandes plaines, une vraie vie ?

Au XXIe siècle, la question se réfère forcément à Internet, comme auparavant à la télévision. Tout écran, qui nous montre un ailleurs, nous abstrait du lieu où nous sommes et s'empare de notre attention et de notre temps. Est-ce pour autant une vie artificielle ? Clairement non. Mais la différence radicale entre la télévision et le Web est que l'une fait de nous des spectateurs, l'autre des acteurs. Au point que l'image des cartoons où l'on voit les personnages entrer et sortir d'un écran symbolise un peu notre mode de vie actuel.

C'est patent avec Skype lorsque je converse avec ma fille, qui vit outre-Atlantique. Pour la rejoindre, je saute dans l'écran, pendant qu'elle en fait autant dans le sien. Nous nous voyons, nous nous parlons, nous nous montrons des objets ou nos animaux.

C'est purement virtuel, électronique, de simples signaux binaires, et pourtant je la vois vraiment, je l'entends avec sa vraie voix. Parce que je sais pouvoir l'atteindre désormais ainsi, son absence me pèse moins que si nous ne pouvions communiquer que verbalement. Ce sentiment, cette satisfaction sont authentiques, ils font partie de ma vraie vie à moi.

L'image et le son ne sont-ils pas, pour les humains, un vecteur majeur des émotions ? Ils font passer les mots, les expressions du visage, les nouvelles, joyeuses ou tristes. Quoi de plus réel que ce qui nous gonfle le cœur ou nous tire des larmes ? Qu'importe donc si ça se produit par le truchement d'un réseau d'ondes ?

Le virtuel nous offre du rêve en réel. Avant Skype, je devais imaginer ma fille absente, maintenant je la vois. Demain ce sera peut-être en 3D, après-demain en hologramme, où elle sera assise dans un fauteuil en face de moi. D'autres participants à notre conversation la verront aussi. Je ne pourrai quand même pas lui offrir du thé. Ce n'est plus une anticipation échevelée, mais ce qui nous est promis au cours de ce siècle.

Cette virtualisation accélérée du monde fait fantasmer et agiter des menaces ou des promesses. Comme devant toute nouveauté techno-scientifique, il est facile de grossir le trait, surtout quand celui-ci est déjà assez marqué. Ainsi le risque de l'addiction à Internet qui fait basculer certains dans une vie virtuelle. On les appelle les *no-life*, ces geeks qui passent leurs journées devant un écran. L'exemple ultime venant, comme souvent, du Japon, avec les *hikikomori* qui ne bougent pas de leur chambre, sauf une fois par semaine pour acheter à manger, vider la poubelle et prendre une douche. Mais combien y en a-t-il ?

Amusant de noter qu'apparaissent en réaction des *yes-life*, qui décident de se couper, au moins un temps, de tout instrument électronique dans leur existence. Un jeûne médiatique salvateur. Sur des forums, on a pu lire des phrases comme : « Ça fait longtemps que je n'ai pas fait le *yes-life.* » Tout un vocabulaire en *globish* s'est forgé. Ainsi entend-on dire : « On va se parler en IRL », ce qui veut dire qu'au lieu de communiquer par écran interposé, on va le faire *in real life*. Tout simplement en face à face.

Quantité de commentaires et analyses tournent également autour des fameux avatars que l'on se crée pour mener une vie parallèle sur Second Life. Certains préfèrent cette vie virtuelle et ont hâte de la retrouver le soir, une fois qu'ils ont gagné leur pain à s'ennuyer dans la vraie vie. On devient alors un « slifer » qui passe ses frustrations en devenant soi en mieux. Il paraît qu'on peut tomber amoureux sur Second Life. Mais osera-t-on se rencontrer en vrai ? La plupart, par crainte, ne franchissent jamais le pas.

On peut mettre l'ensemble de ces manifestations au nombre des bizarreries contemporaines qui ne changent pas la société. Second Life, qui bénéficie d'une notoriété mondiale, n'a pourtant qu'une poignée de millions d'utilisateurs actifs, contre bientôt un milliard pour Facebook. L'évolution du réel de nos vies vers le virtuel se joue bien davantage dans les comportements de chacun de nous.

Ainsi, l'ensemble des objets électroniques de vie courante captive plus les jeunes hommes que les femmes. Elles en sont des utilisatrices régulières, mais ne s'y consacrent pas de façon prioritaire. Serge Tisseron, le psy le plus attentif aux conséquences des nouvelles technologies, note : « Énormément d'hommes font passer le plaisir que leur procurent les nouvelles technologies avant celui que leur procurent leurs compagnes. Pire, beaucoup de parents préfèrent s'amuser avec leurs instruments de nouvelles technologies qu'avec leurs propres enfants. Enfin, certains enfants aujourd'hui ne rêvent plus à une famille idéale puisqu'ils peuvent se la fabriquer dans les mondes virtuels. »

Autre changement, on l'a vu, les conséquences sur notre mémoire des calculettes, des registres téléphoniques intégrés aux portables, ou tout simplement du recours constant à Google pour nos recherches. Comme si nos neurones retenaient moins depuis que tout est accessible sans effort. De même notre capacité de concentration est affaiblie par le zapping ordinaire. Celui que nous pratiquons dans un travail haché par les interruptions constantes des messages qui arrivent et sollicitent notre attention. On lit par ailleurs plus difficilement des textes un peu longs. Après une dizaine d'années de ces nouvelles habitudes, l'usage courant de notre cerveau serait déjà en train d'évoluer, comme naguère notre corps qui, moins sollicité par l'effort physique, a perdu de sa force et de sa souplesse.

On nous promet des prothèses, qui seront greffées sur nos corps pour en accroître les performances musculaires et mentales. En fait elles font déjà partie de nos vies, ne serait-ce qu'à travers les smartphones, couteaux suisses modernes. Comme toute prothèse, ils augmentent nos possibilités. J'ai plus de mille adresses dans ma poche, que jamais je n'aurais pu mémoriser. Et comme pour toute prothèse, nous ne pouvons plus nous en passer. Quand je me suis fait voler mon ordinateur dans une gare à Londres, je me suis senti comme nu dans la foule.

On pourrait multiplier les exemples à l'infini, qui montreraient que la distinction entre vie réelle et vie virtuelle n'a plus guère de signification. Nous avons besoin des deux, dans un mélange indistinct. Une anecdote personnelle pour l'illustrer : j'ai visité deux fois le château de Chenonceau, qui, depuis le XVe siècle, juché sur ses arches, enjambe le Cher. La première fois, au siècle dernier, il faisait gris et frais et la queue pour y entrer était un peu éprouvante. J'avais dû faire trois heures de voiture pour y arriver et suivre ensuite patiemment la foule, salle après salle. Le guide parlait un peu bas et il fallait tendre l'oreille. Mais comme c'est une merveille, je n'ai pas regretté la journée que je lui ai consacrée. Récemment une vidéo étonnante m'a ramené à Chenonceau. Il faisait radieux, j'ai pu monter sur les toits, ce que je n'avais bien sûr jamais fait, et découvrir des vues plongeantes sur les jardins. J'ai visité, seul, chaque pièce en zoomant sur le moindre détail des tapisseries. J'ai monté et descendu les escaliers monumentaux sans rencontrer le moindre touriste, sans être importuné par un gardien. Je n'ai perdu aucun temps à y aller, dépensé aucuns frais de péage sur l'autoroute. J'ai découvert tous les détails magnifiques, inaccessibles la première fois. Une heure en tout. La visite dans la vraie vie était-elle la plus mémorable ? Désormais, Google nous propose, de même, les trésors des principaux musées du monde. Cadeau inouï, non ?

Karl Lagerfeld affirme qu'il ne voyage pas. À quoi bon, dit-il, aller vérifier que les monuments sont conformes aux images que l'on a déjà vues mille fois ? On n'a pas fini de se poser ce genre de question au siècle où nous sommes désormais, car nous sommes déjà devenus des êtres hybrides, mi-virtuels, mi-physiques.

Puisque nous pouvons, et c'est un luxe, alterner l'un et l'autre à notre guise, nous vivons plus intensément aujourd'hui qu'aucune autre génération avant la nôtre. Désormais le virtuel fait partie de notre vraie vie et l'enrichit notablement. À nous de ne pas oublier d'aller de temps en temps nous coucher dans l'herbe pour écouter le vent.

Vous suivez tous en pensant que celui en tête sait où l'on va...
Vous êtes bien naïfs !
TU es bien naïf de croire encore qu'il y a quelqu'un en tête !

# 14

# L'équation du siècle

Pour qui fait métier de réfléchir et prend le risque de s'exprimer, lancer une formule choc qui déclenche un débat est une aubaine. Ainsi en fut-il pour Francis Fukuyama, dont un seul papier, en 1989, en pleine déconfiture du bloc soviétique, « The End of History[1] », suffit à établir la notoriété. La notion de « fin de l'Histoire » venait de Hegel, mais l'universitaire américain d'origine japonaise l'a ressortie au meilleur moment, celui où se disloquait la grille des références géopolitiques qui nous servait depuis trois générations. Qu'importent les innombrables débats qui se sont ensuivis pendant vingt ans. On

1. Article publié dans *The National Interest;* éd. fr., *La Fin de l'Histoire et le dernier homme*, Flammarion, 1992.

constate à l'œil nu que l'Histoire ne s'est pas arrêtée depuis.

Mais Fukuyama ne s'est trompé que d'un article. C'était juste la fin d'*une* histoire, d'un des innombrables chapitres de la grande saga humaine. Il a cru pouvoir affirmer qu'il n'y aurait plus de controverses sur la forme des sociétés modernes. Tout le monde n'acceptait-il pas, désormais, le libéralisme de marché ? Même les régimes autoritaires postcommunistes ? Nous vivons effectivement ainsi depuis près d'un quart de siècle, mais les résultats ne sont guère convaincants. Il n'a pas fallu longtemps pour constater que le libéralisme dérégulé nous faisait frôler l'abîme. On s'efforce donc de trouver, avec plus ou moins d'ardeur selon les pays et les taux de croissance, les moyens de remettre le mors dans la bouche de ce cheval emballé.

Un exemple des nombreux casse-tête de notre époque, qui ont presque tous la même structure : une partie du système nous met en danger, on s'accorde sur le diagnostic, mais la solution reste hors d'atteinte. On appelle cela une « crise » et l'on convoque des sommets, des colloques et des référendums qui, le plus souvent, ne s'accordent que sur la difficulté de trouver un remède. Ainsi naît et s'attise ce sentiment d'un avenir au mieux illisible, au pire bouché.

À nouveau, un parallèle avec la Renaissance redonne perspective et sérénité. Cette période féconde et inventive de l'Histoire a été vécue par ses contemporains comme troublée et chaotique. Le doute sur des vérités jusque-là indiscutables naissait sans qu'aucune alternative soit décrite ou proposée. On entrait dans des conflits, dont le moindre n'a pas été ces cruelles guerres de Religion qui ont ensanglanté l'Europe. Qui aurait eu, au soir de la Saint-Barthélemy, la lucidité d'annoncer que l'opposition entre catholiques et protestants n'était qu'un épiphénomène que le temps se chargerait de relativiser puis de dissoudre dans un œcuménisme consensuel ? Le vrai bouleversement, qui mettrait plusieurs siècles à remodeler l'Occident, était l'amorce à la Renaissance de la remise en cause des dogmes alors en vigueur. Mais à l'époque, on ne pouvait pas encore comprendre que les termites du doute avaient commencé à ronger les poutres maîtresses.

Ce que nous vivons en ce début de siècle est comparable. Si tout paraît insoluble, n'est-ce pas par oubli que l'humanité est toujours sortie de ses paroxysmes d'angoisse pour passer à l'étape suivante ?

Pourtant nous vivons dans une paix mondiale approximative, mais plus réelle qu'à toute autre époque. L'amélioration des conditions de vie est également sans précédent, contrastée, quoique palpable presque partout. L'éducation progresse et les conditions sanitaires aussi. Le tout de façon inégalitaire, insuffisante et surtout plus lente qu'on le voudrait.

Cela porte quand même un nom, que l'on n'ose presque plus employer : le progrès. À notre échelle locale, européenne, nous faisons face à des problèmes économiques compliqués, mais à l'échelle mondiale, ce progrès est une évidence historique.

Pour autant et peut-être de ce fait, les ressources de la planète baissent de manière inquiétante et l'environnement subit des dommages manifestes. Notre génération découvre la notion de biens non renouvelables et ne sait pas comment faire face à la menace de leur épuisement. La crise de leadership est patente, devant l'incapacité actuelle à trouver des parades à l'insolence coûteuse du dragon financier. Aucune institution de gouvernance globale n'existe, l'ONU est un forum utile de discussions et confrontations, mais un bien faible levier d'action.

Il est probable que la revendication des puissances émergentes de participer au leadership planétaire empêchera encore pendant quelques décennies l'émergence de consensus efficaces, face aux deux principaux facteurs perturbants : l'écologie menacée et la finance menaçante.

Facteur supplémentaire de trouble local, mais proche de nous : les valeurs moyenâgeuses brandies avec violence par des extrémistes de toutes obédiences, avec une dominante islamiste. Elles perturbent les fonctionnements politiques de l'Europe, des pays arabes, des zones africaines et d'une partie de l'Orient. Mais sur le continent américain, c'est plus une question de sécurité publique et de politique étrangère, pour un pays à l'opinion très autocentrée.

Les avancées technoscientifiques galopent, en biologie, médecine et surtout en communications. Mais le décalage s'accentue entre la poursuite de cette marche, réjouissante pour l'humanité, et la vétusté de nos systèmes représentatifs démocratiques conçus au XVIIIe siècle. Les fonctionnements de nos sociétés dépendent moins de leurs constitutions que du traitement médiatique des candidats. En France comme aux États-Unis, on voit l'invective, la vantardise et la calomnie prendre le pas sur l'exposé des politiques. Une petite phrase, une apostrophe ne captivent-elles pas plus aisément les écrans que des explications et raisonnements que notre impatience trouve vite pesants ?

La domination des médias ne fait qu'accentuer la prééminence de l'actualité, qu'elle ait ou non du talent, sur les esprits des citoyens que nous sommes. C'est donc toujours sur l'événement le plus récent que se polarise l'intérêt. Le court-termisme qui en résulte, y compris chez les plus hauts responsables, rend nos sociétés myopes.

Le facteur peut-être déterminant du nouveau siècle tient aux transformations des relations entre individus. Mieux éduqués, presque partout dans le monde, ces derniers sont plus ouverts aux idées de justice, de droits humains, de métissage des cultures. Les poussées sporadiques des nationalismes en Europe, pour inquiétantes qu'elles soient, ne doivent pas nous occulter la plus grande tolérance de la majorité des nouvelles classes d'âge. Nos systèmes collectifs, qu'ils soient politiques, d'enseignement ou d'entreprises, sont confrontés à une forte demande de déhiérarchisation des rapports et des chaînes de fonctionnement. Même si on ne sait pas encore bien comment la pratiquer.

La progression de ces nouvelles valeurs, parallèlement à celle de la science, va dessiner l'atmosphère de notre époque, encore floue aujourd'hui. Or ce qui vient d'être évoqué plus haut peut être mal compris et souvent mal vécu par les plus jeunes. Ils ont le sentiment qu'on est en train de leur préparer un monde plus difficile à vivre et se méfient donc de tous les systèmes en place. Mais il leur manque des corps d'idées, des récits d'avenir dans lesquels inscrire leurs envies d'action. Les plus âgés n'ont rien d'attirant ou de cohérent à leur proposer car, même lorsqu'ils prennent le temps d'y penser, ils ont du mal, eux aussi, à comprendre leur époque.

De l'équation de ce XXI^e^ siècle nous apparaissent seulement, pour l'instant, les inconnues. Elles sont nombreuses, à la fois contrastées et enchevêtrées. Ce qui n'implique nullement qu'elles soient insolubles.

Que nous ayons abjuré à la fois les promesses d'au-delà et les lendemains qui chantent ne change rien au fait qu'il y aura des lendemains. Le *no future* est une posture infantile. Un futur est certain, et c'est notre responsabilité indélégable d'essayer de l'aménager au mieux et d'en amortir les chocs possibles.

Les transformations qui remodèlent ce monde sont considérables et potentiellement prometteuses. Instinctivement, nous rêverions qu'elles se produisent vite et sans duretés sociales. Tout ce que nous avons évoqué ici laisse à penser que ce n'est pas gagné.

Imaginons-nous un instant un siècle auparavant, en 1912, dans la peau de ceux qui, à l'époque, avaient le même âge que nous. Rétrospectivement, il est facile de dire quelles étaient leurs priorités, celles où ils ont échoué : éviter la guerre, les dictatures de fer et le premier effondrement économique mondial. N'est-ce pas le service minimal ?

Ils ont eu la guerre parce que l'empathie entre peuples voisins était insuffisante pour résister à la myopie imbécile et arrogante de leurs dirigeants. Ils ont connu des régimes brutaux par manque d'expérience historique de ces formes nouvelles d'oppression. Ils ont vécu la grande crise économique parce qu'ils n'arrivaient pas à bien comprendre comment fonctionnait ce système mondial enchevêtré, encore moins à le maîtriser.

Nous nous retrouvons, forcément, avec les mêmes priorités basiques, malgré un stade de développement bien plus avancé. Même si rien n'est garanti, nos chances d'éviter guerres et dictatures se sont nettement améliorées. Nous sommes avertis, et, plus important encore, le sentiment de solidarité entre humains progresse. Sur le risque économique, en revanche, nous ne sommes pas tellement mieux placés que nos ancêtres. Nous en savons plus sur ses mécanismes, mais ils ont une fâcheuse tendance à se complexifier plus vite que nos imaginations en la matière. Au moins sont-ils identifiés actuellement comme un danger systémique méritant toutes les vigilances.

À ces trois cavaliers de l'apocalypse de 1912, il faut en ajouter un quatrième : le risque environnemental dans toutes ses composantes. Nos prédécesseurs ne pouvaient qu'ignorer cette rançon du progrès, du fait qu'ils n'en avaient pas atteint les mêmes niveaux que nous. Pour nous, elle est bien présente et nous devons l'affronter sans aucune expérience, puisque nous ne sommes même pas d'accord, entre humains, sur les diagnostics, les remèdes et les degrés d'urgence.

L'équation du siècle est donc au moins à quatre inconnues, sans préjuger de celles qui ont encore le temps de se révéler au fil des années à venir : comment préserver paix, démocratie, prospérité et écologie ? Des rappels à l'essentiel.

Devant des situations inédites et compliquées, chacun ne doit-il pas se demander s'il va les vivre en spectateur impuissant ou en acteur conscient à la fois de ses limites et de ses potentiels ? Si, comme on l'imagine, on trouve plus stimulant, plus conforme à la dignité de choisir la seconde option, encore faut-il disposer d'un minimum d'équipement moral pour en affronter le risque. Or nous avons constaté ensemble que, privés de vérités révélées ou d'utopies politiques, nous nous retrouvions un peu nus face aux complexités de la vie et de l'époque.

Pour pouvoir aimer ce siècle, il faut y trouver un sens et être capable de le considérer avec sagesse. Cela demande de la réflexion, mais ce devrait être dans nos moyens.

Tu fais encore le ménage ? mais tu l'as déjà fait hier !
Je sais, mais tu vois bien dans quel désordre se trouve le monde...
BZZZ
Alors si je peux garder impeccable cette modeste partie, je le fais !

## 15

## Soif de sens et d'humain

Au long de la seconde moitié du XX$^{e}$ siècle, nos mentalités ont fluctué, au gré des évolutions économiques du pays. Après les dégâts de la guerre, il a fallu reconstruire, aidés par le plan Marshall, ce qui nous a pris une dizaine d'années. Puis, dans les années 50, a déferlé la vague des équipements de confort, logement, voiture, électroménager, téléphone et télévisions, et de ce fait des taux de croissance exceptionnels. Pendant ces décennies, on voulait devenir cadre et grimper les échelles hiérarchiques. On trouvait un job dès l'obtention de son diplôme et le système fixait nos objectifs. J'avais alors lancé *L'Expansion*, qui pendant vingt-cinq ans a surfé sur cette phase matérialiste de notre Histoire récente.

À l'orée des années 80, une fois le confort largement répandu, la demande de produits industriels s'est ralentie, la croissance aussi. Pour trouver du profit, il a fallu se tourner vers les jeux financiers – acquisitions, fusions, spéculations en tous genres. Les plus doués ont su en tirer parti pour s'enrichir encore plus vite, mais la majorité des autres, ne trouvant plus la même stimulation dans leurs métiers de production, se sont tournés vers une simple recherche du bonheur. Une évolution somme toute naturelle, une fois que l'on dispose d'une cuisine moderne et d'un réfrigérateur plein. Cette nouvelle aspiration m'a aidé à faire de *Psychologies,* axé sur le développement personnel et les relations aux autres, un magazine de grande diffusion, ce qui aurait été inimaginable dix ans auparavant. Dès ce moment, tous les sondages sur les principales sources de satisfaction de la vie de chacun donnaient, dans cet ordre : la famille, les amis, la connaissance de soi, l'amour et, seulement en cinquième position, le métier. Un fort renversement des valeurs.

Depuis le début de notre XXI^e^ siècle, c'est le déficit de sens qui devient manifeste, dans notre rapport à un monde dont la complexité s'est emballée. Pour pouvoir y vivre à l'aise, nous avons besoin de le comprendre, l'interpréter, l'intégrer à notre petit *mapping* intérieur. En lançant *Clés*, en

2010, j'ai voulu capter cette demande montante et y apporter quelques réponses. Mais de quel sens s'agit-il ? Du sens de la vie, de nos actes, ou de celui du monde qui nous entoure ?

La question du sens de la vie reste le marronnier de toute métaphysique, transcendante ou séculière. Elle peut être source de commentaires et de débats à l'infini. Curieusement, elle est relativement récente. Tant que les Églises fournissaient une réponse obligatoire, celle de la foi et des textes sacrés, s'interroger sur le sens de la vie était impie. Depuis la sécularisation croissante du monde, peu nombreux sont ceux qui le trouvent encore dans la foi. Chacun sent qu'il doit se procurer sa propre réponse ou, s'il n'y parvient pas, noyer la question dans la consommation et le divertissement. Beaucoup de philosophes contemporains se sont désintéressés de la recherche du sens de la vie, Wittgenstein trouvant même la question inappropriée.

En revanche, la question du sens *dans* notre vie se pose à l'occasion de chacun de nos choix, de nos actes. La vie même, par sa force, sa singularité, ses péripéties, heureuses ou dramatiques, n'est-elle pas porteuse de son propre sens ? Ainsi, la plupart de nos contemporains vivent sans trop se poser de questions sur leur destinée, tant qu'ils ne sont pas confrontés aux crises et aux tragédies. Camus ne décrivait-il pas l'absurde comme le monde vidé de son sens sans que soit effacé le tragique de l'existence ?

Au quotidien, l'importance du sens est du même ordre que celui du sel dans les aliments : sans lui, tout semble fade, peu appétissant. Une action dépourvue de sens, une attente imprévue, une conversation insipide, un mauvais spectacle dont on ne peut s'éclipser sont subis comme un vide, dérisoire, ou comme une puissante source d'ennui. Et n'avons-nous pas horreur de l'ennui ? Le sens dont nous ne pouvons pas nous passer est d'ailleurs à comprendre aux deux « sens » du mot : direction et signification. Il pointe vers où nous croyons ou voulons aller, il indique si ce qui se présente à nous en vaut la peine. Il nous rattache à la vision de l'existence que nous nous sommes bricolée, puisqu'il n'y en a plus d'« officielle ». Spontanément, nous tentons de donner de la valeur à n'importe lequel de nos actes, ordinaire ou exceptionnel, afin qu'il soit en cohérence avec nos idées et avec ce qui importe vraiment à nos yeux.

Heureusement, nous savons créer les petits sens dont nous avons besoin. Désirs, curiosités, projets, relations aux autres et, pour quelques-uns, croyances ou convictions nous en procurent de précieuses dosettes, à usage pluriquotidien. Cette « persévérance dans son être » de toute entité vivante, et donc aussi de vous et moi, Spinoza l'avait baptisée *conatus.* Cet « effort » pour exister, plus global même que la libido de Freud, est notre usine à sens. Si cette dernière tombe en panne, c'est la dépression. Même se laver les dents nous pose alors question.

Empiriquement, notre manière personnelle de mettre du sens dans notre vie est pointilliste. Elle est la somme des nombreuses raisons que nous trouvons chaque jour d'aimer exister. Les plus simples et naturelles sont les plus solides, et elles ne sont guère bouleversées par la technologie.

C'est pourquoi il est si troublant d'avoir, par moments, l'impression d'en avoir perdu le mode d'emploi. À la différence de nos ancêtres, ce ne sont pas les mystères des forces supérieures ou de la nature qui nous échappent, mais le fonctionnement de cette civilisation, créée de toutes pièces par nous et nos semblables. Comme si nous n'en possédions plus les clés qui, auparavant, se transmettaient au travers des siècles, d'une génération à l'autre. Désorientés, nous n'osons plus nous projeter dans l'avenir et nous sommes coupés des leçons d'un passé qui nous permettaient de prendre du recul devant les événements immédiats.

Si nos contemporains, y compris nos dirigeants, semblent dépassés par la machinerie fabuleuse et faustienne qu'ils sont censés maîtriser avec autant de prévoyance que de génie, comment nous, dépourvus de leurs moyens d'action, ne vivrions-nous pas, au mieux, perplexes ?

Car ce monde est désormais non seulement complexe et accéléré, mais aussi trop gigantesque pour que nous puissions l'englober dans nos conceptions d'individus solitaires. Comme si, au lieu de devoir regarder un seul écran, nous en avions soudain, à l'instar des traders dans les salles de marchés, des dizaines devant les yeux : où regarder ? Comment savoir celui qui compte ? Comment les relier entre eux ? Il n'y a pas si longtemps, on ne réfléchissait guère qu'à l'échelle d'un pays, le nôtre, une culture, une religion, voire une famille, une entreprise. Que se passe-t-il quand, en deux générations, ce qui s'offre à nous chaque jour semble être multiplié par douze ?

Mais mener une vie au jour le jour agrémentée des petits sens d'accès aisé suffit-il à nous donner la force de trouver notre voie dans ce monde débordant ? Peut-on traverser l'existence seulement soutenus par notre préférence pour le chocolat noir, les promenades en montagne, les séries télévisées et les siestes coquines ? Poser la question, c'est y répondre : non, bien sûr.

C'est problématique de ne plus disposer de quelques ancrages existentiels. Or la vie sans liens forts risque la dérive. Pas étonnant que la dépression, cette hémorragie de sens, soit la grande affection psychologique de l'époque. À observer ce qui se passe autour de nous, on se rend vite compte que cet individualisme dont nous sommes fiers ne peut se suffire à lui-même. Puisque nous ne croyons plus qu'il y ait un « au-dessus », nous nous attachons, forcément, de plus en plus à l'« autour ».

Cette horizontalité ne peut que s'accentuer au cours du siècle. Nos penseurs de l'avenir (il en reste) le disent à leur manière en prédisant la société de l'empathie, de la solidarité, de la compassion, de la connexion, du vivre-ensemble. Cela ressemble au « caté » des bons pères, mais il ne s'agit plus de se conformer à des préceptes moraux : nous en avons un besoin existentiel, quasi fonctionnel.

Nous avions peut-être cru que chacun deviendrait l'Atlas de sa propre existence, la portant de bout en bout sur ses épaules. Nous peinons à y arriver seuls. Or, comme on l'a vu, les liens sont plus faibles, les convictions changeantes, les amours intermittentes, les attachements vagues. La vraie difficulté de vivre ce siècle se situe plus probablement là que dans le montant de la dette et l'anémie du taux de croissance. La modestie est donc de retour : nous ne trouverons de grand sens qu'avec les autres, proches ou lointains, durables ou éphémères, mais nos semblables. Ce n'est pas une découverte mais une confirmation : l'individualisme est en train d'atteindre ses limites.

Une enquête récente (2012) du Trend Observer d'IPSOS vient de le confirmer : jamais la « demande d'humain » n'a été aussi forte dans les sociétés développées, en Europe, aux États-Unis, au Japon. Réaction palpable devant la dématérialisation des rapports que génèrent les relations en réseau. Une forte demande s'exprime donc de rencontres physiques, d'émotions, de stabilité et de continuité relationnelles, de civilité et de politesse, de confiance et de sécurité. Comme si, collectivement, nous demandions à trouver un havre après avoir parcouru le monde à la vitesse de la lumière.

Ce n'est pas une prévision hasardeuse que celle de voir ce siècle, en déficit actuel de sens, réinvestir fortement l'humain. Les réseaux sociaux, même s'ils ont, selon cette enquête, un côté desséchant, peuvent en même temps servir de formidable vecteur pour ce besoin de se rapprocher d'autrui. Notre soif de sens pourra peut-être s'apaiser en la mutualisant avec celle des autres. Une promesse de faire aller la simple coexistence vers le « co-soutien » ou le « co-renforcement » ? En tout cas, l'expérience est tentante. Il nous reste à vivre conscients que le sens, désormais, est à la fois notre production et notre responsabilité. Pour chacun de nous, certes, mais aussi en échange avec nos semblables.

N'être que soi...
et l'accepter
Le travail d'une vie...

## 16

## Pour une sagesse modernisée

Il se dit qu'il nous manque un *storytelling* sur notre siècle. À l'ère globale, pour être écouté, il faudrait parler *globish*. Dans les temps bibliques, on s'inspirait des prophéties. Plus récemment, des utopies, des scénarios, des visions fantastiques du futur. Mais curieusement, alors qu'on met la créativité au pinacle, personne aujourd'hui n'ose nous raconter l'avenir. À titre individuel, nous nous contentons de projets, nés de nos envies et de nos fantasmes. Heureusement, sinon pour quoi se lever chaque matin ?

Pour l'humanité contemporaine, un récit d'avenir reste possible, mais il devra être différent de ceux que l'on nous proposait jusqu'ici. Pour être crédible, il ne nous parlerait ni d'abondance inépuisable, ni d'immortalité, ni de super-intelligences ajoutées à nos cerveaux, ni d'égalité enfin atteinte, ni de conquêtes galactiques. Si nous ne disposons pas encore du *storytelling* du siècle, ce doit être parce que toutes les évocations, plus ou moins lyriques, prêtent à rire, quand elles ne font pas peur.

Qu'est-ce donc qui nous a rendus sceptiques et méfiants à ce point ? Peut-être les grands traumas que nous ou nos parents avons connus au siècle précédent. Si ce dernier a marqué une charnière douloureuse dans l'Histoire, c'est moins du fait de ses boucheries (aussi atroces qu'elles fussent, elles n'ont tué que 3 % de la population mondiale) qu'à la suite de l'effondrement de ce que la philosophe Chantal Delsol nomme les « architectures de sens ». En clair, les systèmes d'idées, de doctrines, de promesses qui soutenaient nos sociétés depuis vingt siècles. L'anémie inexorable des religions révélées, l'effondrement brutal des prétentions marxistes ont décrédibilisé les grands récits dont était friande l'humanité.

Et si ce dont nous avions besoin, ce qui conviendrait le mieux à l'époque, était un petit récit, dont chacun pourrait prendre la mesure avant de se l'approprier ? Il serait à la fois de portée universelle et d'usage quotidien, un qui ne coûte pas cher, un qui fasse du bien.

*Primum non nocere* (D'abord, ne pas nuire), énonce le serment d'Hippocrate. De grâce, arrêtons de nous raccrocher aux mots qui tuent. On a tué au nom de Dieu (et on continue), on a tué au nom de la Raison (par la guillotine), au nom de la pureté ethnique (avec des gaz), au nom du socialisme (par fusillades ou au goulag), au nom de la patrie (par tous les moyens disponibles), au nom de la civilisation (par les fusils des colonisateurs) et même au nom de la liberté et de l'égalité. Il n'y a guère qu'au nom de la fraternité que l'on ne se soit pas encore étripés. Sous réserve d'inventaire.

Le coupable originel ne serait-il pas Platon, persuadé que chacun porte en lui la Vérité, avec un grand V ? Tout s'est enchaîné à partir de lui. L'avantage de la Vérité est qu'elle ne se discute pas, puisqu'elle est vraie. Au cours de l'Histoire, on nous a fait croire en son nom, ce qui arrangeait, à chaque période, les puissances religieuses ou temporelles. Maintenant, nous avons compris, on ne nous fera plus le coup de la Vérité.

Il aura fallu attendre vingt-cinq siècles pour qu'un philosophe suisse, Jacob Burckhardt, reconnaisse que « l'essence de la tyrannie est le refus de la complexité ». La complexité, chère à Edgar Morin, est devenue le mot-clé de notre siècle en toutes matières, scientifiques, psychologiques, morales, financières, etc. Faut-il s'étonner qu'il ne soit pas facile d'en bâtir le récit ? Mais comme dans toute situation humaine, la complexité appelle une éthique. Le moment est peut-être venu de réhabiliter un concept d'apparence modeste, parce qu'il porte un nom qui fait « bas de gamme » mais qui est adapté à notre questionnement : l'utilitarisme. Pas surprenant qu'il ait été formulé par des philosophes anglo-saxons, Jeremy Bentham et John Stuart Mill, de tradition pragmatique. Il vise au « bien-être maximum pour le plus grand nombre ». Que demander de mieux ?

Notre siècle, j'en suis convaincu, voit s'établir la suprématie des femmes. C'est bien leur tour. Elles nous apportent, entre autres, une vision réaliste de l'existence, alors que les hommes étaient plus volontiers inspirés par l'héroïsme. On a vu le résultat. N'est-ce pas une femme, Germaine de Staël, qui a dit : « La gloire est le deuil éclatant du bonheur » ? À notre siècle, on pourrait même dire que le bonheur est le deuil allègre (ou soulagé) de la gloire. Les femmes sauront propager une nouvelle éthique qui prenne en compte le réel, plutôt que le vrai.

La recherche du bonheur, du bien-être, du pragmatisme, du réalisme porte depuis deux mille cinq cents ans un nom rassurant : la sagesse. S'il fait un rien suranné, c'est qu'on l'imagine souvent comme l'apanage de sympathiques barbus, philosophes antiques ou yogis indiens. Il est vrai que les grands prêtres occidentaux de la Vérité avaient remisé la sagesse au grenier. Le moment est peut-être venu pour elle de reprendre du service, comme une philosophie, pour notre siècle complexe.

La sagesse préexistait aux religions monothéistes, elle inspirait les comportements individuels de nombre de penseurs grecs, puis romains, de Socrate à Marc Aurèle. Elle convenait à des sociétés sans progrès technique qui croyaient à un temps circulaire et répétitif. Elle n'était ni prosélyte ni missionnaire, elle aidait l'individu à s'adapter à un réel qui le dépasse. Les monothéismes, chrétienté comme islam, sont advenus et ont su mobiliser leurs sociétés, conquérir les autres et faire avancer le progrès, pour la plus grande gloire de leur Dieu. En cela, elles ont pleinement réussi, rassemblant les fidèles autour d'une seule source d'inspiration et de préceptes et s'il le fallait au prix de la violence. Sauf pour quelques saints paisibles, hommes et femmes, le message de la sagesse a été éclipsé par l'impératif de la foi.

Mais en Occident, foi et progrès se sont désynchronisés : la dynamique de ce dernier a pris le dessus et la foi s'est atrophiée. Dans l'islam voisin, ce fut l'inverse : la primauté de la croyance s'est maintenue, étouffant l'essor des sciences et du progrès matériel. En Occident, où progrès et développement ont détrôné la foi, les individus vivent sans élévation de l'âme. Ils en savent trop pour croire à des récits prérationnels, vieux de deux millénaires. Même s'ils en ont gardé une morale et quelques principes évangéliques que rien n'est venu remplacer, parmi lesquels « l'homme ne vit pas seulement de pain ». Matériellement, nous sommes comblés ; spirituellement, nous sommes devenus indigents.

À défaut de croyances religieuses, partout en recul, on a au moins besoin d'une éthique, d'un comment vivre bien, avec soi, avec les autres. Moment propice pour dépoussiérer une sagesse qui pourrait se révéler étonnamment adaptée à notre modernité complexe.

Car le foisonnement pléthorique de cette dernière rend illusoire toute tentative d'explication ou d'interprétation unique du monde. Plus nous en savons, plus nous en inventons, et plus nous comprenons que nous ne sommes qu'au début d'un chemin, passionnant et riche de potentiels, mais sans mode d'emploi. La sagesse ne suggère aucun principe supérieur, elle constate le monde et aide les apprentis sages que nous sommes à nous y adapter. Une fois admis que la complexité nous prive du rêve un peu enfantin d'exercer notre empire sur le réel, il nous reste au moins la possibilité d'un empire sur nous-mêmes, bref notre capacité à nous adapter sereinement à ce réel. La question n'est plus : « Qu'est-ce qui est vrai ? », mais plus simplement : « Qu'est-ce qui est, et comment s'en accommoder pour y vivre bien ? »

Une sagesse moderne doit se nourrir de nos connaissances sur le fonctionnement humain, des hormones aux névroses. Elle tient compte de l'existence des autres, ayant compris la faiblesse de l'individu isolé. Elle intègre naturellement les impératifs moraux, qui resteront l'héritage décisif des traditions judéo-chrétiennes. De ce fait, elle est plus généreuse que la sagesse antique, au fond assez élitiste. Mais l'objectif reste le même : renforcer l'individu face à un monde qui, toujours, le dépassera. Lui permettre de viser au bonheur en acceptant de renoncer à bien des illusions et fantasmes. A minima, elle permet à chacun de se supporter, de faire la paix avec soi-même, pour parvenir à en faire autant avec les autres. Reconnaissons que sur ces différents points, il y a du pain sur la planche.

Le sage contemporain ne joue pas les ascètes, il ne croit pas nécessaire de vivre de peu, sauf s'il se rend compte que la frugalité lui facilite l'existence en la désencombrant. Il n'a pas besoin de s'inventer de métaphysique ni de transcendance, car il campe dans le réel. Il ne vise pas à une vie fondée sur un idéal, ce qui motivait les saints, mais à une vie juste au sens d'« appropriée ». Grâce à quoi il peut établir un meilleur rapport aux autres, dont il sait avoir absolument besoin, en pratique et en gratifications affectives.

Par essence, la sagesse est un guide d'attitude et d'action. Ceux qui sont convaincus de sa nécessité et savent s'en inspirer trouvent du sens. Personne, bien sûr, ne peut se prétendre sage. Cette prétention prouverait qu'on ne l'est pas. Mais, inspiré par des principes de sagesse, on peut mieux vivre. Une modestie efficace, n'est-ce pas très XXIe siècle et un pari optimiste à notre portée ?

# CONCLUSION

## Quand même !

Pendant que j'écrivais ce livre, on me demandait de quoi il allait traiter. Son titre provoquait régulièrement la même réaction : « Oui, c'est bien ça : *quand même !* » J'ai compris que chacun interprétait à sa manière cette locution. Pour les uns, elle signifiait « malgré toutes les menaces dont on nous assaille chaque jour », pour les autres, « en dépit du mode de vie speedé que j'endure de plus en plus », ou encore « bien que nous n'ayons pas la moindre idée d'où nous allons à ce rythme ». Il y a de tout ça dans ce « quand même ». Les premiers chapitres relèvent nombre de raisons de se faire quelques soucis, mais s'en tenir aux inquiétudes, même justifiées, que ce siècle suscite relèverait de la myopie collective.

Un siècle, c'est long, et nous avons vu que rares sont ceux qui n'ont pas démenti, au final, l'impression qu'on s'en faisait à ses débuts. Or le XXIe est encore bien jeune, il vient juste d'entamer sa deuxième décennie. Tout s'y déroule en accéléré. Il connaîtra donc bien des imprévus, coups de théâtre et percées conceptuelles ou scientifiques, mais il aura aussi sa part de tragédies et catastrophes. Pour essayer de donner une substance à ce « quand même », j'ai tenté de trier entre nos préoccupations à court ou à plus long terme. Par exemple, notre fameuse dette et nos taux de croissance anémiques ne sont pas le souci de toute la planète. Et il est plus que probable que d'ici cinquante ou quatre-vingts ans, on les considérera comme des péripéties.

Au cours de notre siècle, en revanche, une inflexion décisive et positive est déjà prévue en démographie (une des rares sciences où l'on puisse encore faire des prévisions chiffrées) : la population mondiale va plafonner à un niveau gérable. Bonne nouvelle à l'échelle du siècle, mais comme nous n'avons aucune idée de ce qui peut résulter du vieillissement de l'humanité qui en découlera, il y a de quoi s'interroger pour le XXIIe siècle. Nos arrière-petits-enfants auront à s'en occuper, en leur temps.

La plupart des anxiétés et des pessimismes actuels à propos de notre époque sont à moins de vingt ans d'horizon, ce qui passe très vite. Une seule est là pour bien plus longtemps, celle de l'écologie, dont nous sommes même loin d'avoir recensé toute l'ampleur. Au moins, par rapport au siècle dernier, cette interrogation nous habite, et en particulier les plus jeunes, qui auront les leviers en main dans les décennies à venir.

Pour faire une hypothèse, optimiste ou pessimiste, sur notre époque, il faut lever la tête du guidon sur lequel nous vivons courbés, obsédés par nos problèmes à court terme et sans vision d'ensemble de l'évolution de l'humanité qui nous a précédés et qui nous succédera. Si l'on veut bien changer de lunettes, il apparaît que les progrès les plus décisifs au cours des âges sont toujours non pas ceux des conditions matérielles de vie, mais ceux des mentalités et des valeurs.

Prenons un exemple massif : l'invention de la bombe atomique. La vraie question qu'elle soulève n'est pas son nombre de mégatonnes ou les vecteurs qui peuvent l'envoyer à l'autre bout de la Terre, mais quels pays pourraient en disposer et comment la gèrent ceux qui l'ont déjà. L'important est le comportement des humains qui ont ou auront le doigt sur le bouton. Si, demain, la Suisse annonce disposer de l'arme nucléaire, ça n'inquiétera personne, mais pour l'Iran, c'est plus compliqué.

Donc, nous, contemporains du XXI^e siècle, dotés d'étonnantes techniques et de moyens considérables, qu'allons-nous en faire, comment allons-nous nous comporter ? La réponse la plus probable est : avec bonne volonté, maladresse et lenteur. Question suivante : notre bonne volonté a-t-elle des chances de compenser les conséquences de ces dernières ? Voilà le débat de notre temps.

Pas besoin d'insister sur nos maladresses et lenteurs. Les exemples abondent : témoignent des premières les crises financières et économiques, des secondes notre gestion de l'environnement. Toutefois, notre bonne volonté est moins évidente, d'autant qu'il n'en existe pas d'indices chiffrés. On peut en revanche apprécier les potentiels de ce siècle par rapport aux précédents.

Un livre percutant vient de lancer le débat aux États-Unis, celui d'un professeur de Harvard, Steven Pinker. Dans *The Better Angels of our Nature*[1] (qui ne sera certainement pas traduit par « Les meilleurs anges de notre nature »), il affirme

1. Viking Books, 2011.

que l'humanité devient moins violente, moins raciste et moins sexiste. Sommes-nous de plus en plus civilisés ? Si l'on se réfère à ce que les médias nous donnent à voir chaque jour, cette thèse peut paraître contre-intuitive. Mais rappelons-nous que l'information pose plus volontiers sa loupe sur les duretés du monde que sur ses suavités.

Pinker s'appuie sur des données comme le nombre d'homicides qui a, par exemple en Grande-Bretagne, chuté de 90 % dans les cinq derniers siècles. Les combats à l'échelle mondiale sont plus rares et font moins de morts. Les guerres récentes – Iran, Irak, Afghanistan – ont fait infiniment moins de victimes que celles du Vietnam ou d'Algérie. Le premier jour du débarquement allié de 1944, les Alliés ont subi dix mille pertes ; aujourd'hui, quand quatre soldats sont tués en Afghanistan, on réclame que nos troupes quittent ce pays. La mort est de plus en plus mal tolérée, en civil ou en uniforme.

Désormais, les jeunesses du monde entier sont sensibilisées aux droits humains, en particulier à ceux des femmes et des minorités. On vote des lois sur les droits des animaux, ce qui était inimaginable il y a encore cinquante ans. L'auteur note que « les conservateurs d'aujourd'hui sont plus libéraux que les libéraux d'autrefois ». La sensibilité générale à l'égard de la souffrance des autres progresse : sur ce point au moins, les médias sont un accélérateur précieux. Les avancées de la tolérance sont soulignées par le fait que les montées, très minoritaires, de groupuscules violents ou de partis d'extrême droite scandalisent et inquiètent une forte majorité des citoyens.

Nous sommes certes encore loin du meilleur des mondes possibles, mais la tendance est à l'humanisme et au plus grand respect d'autrui. Ces valeurs sont davantage prisées, dans le monde entier, à chaque génération. Il est bon que la défiance ait également grandi : elle rend moins naïf et plus exigeant à l'égard de ceux qui ont le pouvoir. La sagesse peut devenir, à bas bruit, une direction pour notre espèce. Il subsistera longtemps de solides réserves de barbarie, et on a raison de les dénoncer chaque jour. Mais n'oublions pas pour autant que la tendance de fond est bonne, et qu'il n'y a aucune raison pour qu'elle s'inverse.

Nous serons longtemps encore déçus par le temps qu'il faut pour que les effets s'en manifestent, nous continuerons à vivre des échecs et des régressions, partiels ou temporaires. Mais les ferments à l'œuvre sont encourageants.

Tout compte fait, en ce début de XXI^e^ siècle, je ne regrette pas d'avoir donné naissance à des enfants, ni qu'eux-mêmes en aient fait autant.

Eh bien ! pas brillant-brillant, ce début de XXI<sup>e</sup> siècle !
Papa, ne t'inquiète pas : j'arrive.

# Table

Jean-Louis Servan-Schreiber
dans Le Livre de Poche

*Trop vite !* n° 32708

« Depuis que j'ai compris que le temps nous était compté, donc précieux, je n'ai cessé d'en rechercher le meilleur usage. J'ai écrit *L'Art du temps*, puis *Le Nouvel Art du temps*, pour aider mes lecteurs à desserrer l'étau des heures et des jours. Aujourd'hui, non seulement chacun a l'impression de manquer de temps, mais c'est toute notre société qui en souffre. Et les conséquences deviennent de plus en plus lourdes. L'urgence de l'action, de la décision, domine l'horizon des dirigeants, comme des citoyens que nous sommes. Il en résulte un nouveau syndrome : le « court-termisme », qui affecte la politique, l'économie, le rythme de nos vies et, plus grave encore, notre rapport à l'environnement. Personne jusqu'ici n'avait traité ce sujet en tant que tel. Cette enquête et les témoignages que l'on y trouve ont pour but d'aider chacun de nous à prendre conscience de cette redoutable spirale pour essayer d'en sortir. »

*Vivre content* n° 30251

Content ? Voilà un mot qui peut paraître un peu court, étriqué, dénué d'ambition. Notre culture invoque plus volontiers le bonheur, avec ce que le mot suppose d'absolu. C'est délibérément que Jean-Louis Servan-Schreiber, directeur de *Psychologies magazine*, se démarque d'un tel idéal pour nous parler de notre aptitude à vivre pleinement et positivement l'instant. Une aptitude que certains possèdent naturellement, mais qui néanmoins s'acquiert ou s'accroît. En vingt-cinq courts chapitres où l'analyse est étayée par l'expérience personnelle de l'auteur, celui-ci nous invite à accepter le réel et nos limites, à respecter nos rythmes, à apprendre à choisir ou à nous rendre disponibles, à déjouer les pièges que nous tend notre ego… Ce livre simple et plein de bon sens, nourri d'une connaissance approfondie des sciences de la psychologie, est surtout un message de sagesse pour notre époque désenchantée.

*Du même auteur :*

*Le Pouvoir d'informer*
Robert Laffont, 1972

*L'Entreprise à visage humain*
Robert Laffont, 1973

*À mi-vie*
Stock, 1977

*Questionnaire pour demain*
Ramsay, 1977

*L'Art du temps*
Fayard, 1983

*Le Retour du courage*
Fayard, 1986

*Le Métier de patron*
Fayard, 1990

*Le Nouvel Art du temps*
Albin Michel, 2000

*Vivre content*
Albin Michel, 2002

*Une vie en plus*
(avec François de Closets, Joël de Rosnay
et Dominique Simonnot) Le Seuil, 2005

*Trop vite !*
Albin Michel, 2010

*Pourquoi les riches ont gagné*
Albin Michel, 2014

PAPIER À BASE DE
FIBRES CERTIFIÉES

Le Livre de Poche s'engage pour
l'environnement en réduisant
l'empreinte carbone de ses livres.
Celle de cet exemplaire est de :
250 g éq. $CO_2$
Rendez-vous sur
www.livredepoche-durable.fr

Composition réalisée par Maury-Imprimeur

Achevé d'imprimer en août 2014 en France par
CPI BRODARD ET TAUPIN
La Flèche (Sarthe)
N° d'impression : 3006441
Dépôt légal 1re publication : septembre 2014
LIBRAIRIE GÉNÉRALE FRANÇAISE
31, rue de Fleurus – 75278 Paris Cedex 06

61/1111/9